恐怖箱

魍魎百物語《もうりょうひゃくものがたり》

加藤一 編著

神沼三平太
高田公太
ねこや堂 共著

竹書房文庫

※本書に登場する人物名は、様々な事情を考慮してすべて仮名にしてあります。また、作中に登場する体験者の記憶と体験当時の世相を鑑み、極力当時の様相を再現するよう心がけています。現代においては若干耳慣れない言葉・表記が登場する場合がありますが、これらは差別・侮蔑を意図する考えに基づくものではありません。

巻頭言

箱詰め職人からのご挨拶

加藤 一

本書、『恐怖箱 魍魎《もうりょう》百物語』は、百話の実話怪談を集めた選集である。

怪談は体験者当人から、或いは体験者と親しい人から、体験者から聞いた話をまた別の誰かが他の誰かに語る——それを繰り返すことで広まっていく。

いつの頃からか、百物語を語る夕べは夏に涼を求める催しの定番になった。もちろん、夏だけでは物足りない猛者は、春でも秋でも冬のさなかでも百物語に挑戦しているのではないかと思うのだが、やはり百物語の旬は夏ではないかとは思う。

蚊遣りの煙で羽虫を追いながら、盆休みの田舎家の畳敷きの部屋で。

子供会の催しに付き合って、がらんと静まり返った夜の寺の本堂で。

テレビやネットや日常の雑音から切り離され、星明かりも届かない森のキャンプ場で。

寄せては返す波の音だけをＢＧＭに、潮臭い風を嗅ぎながら花火の燃え尽きた浜辺で。

そんな場所に腰を下ろし、朝日を拝むまでの間、延々と怪談を語り続ける。

どうです？　百物語、やりたくなってきたでしょう？

魍魎の囁きを百話分、今年もご用意しておきましたのでお楽しみください。

目次

▲……高田公太
●……ねこや堂
◆……神沼三平太
■……加藤 一

拡散失敗

カバが出た。いや、いた。
買い物に行く途中の路上に、あのアフリカなんかにいる巨大動物が、どーんといた。
近所に動物園などはない。ないはずだ。
とりあえずこういうときは、スマホだスマホ。
パシッと撮って、インスタで拡散を。
そう思ってシャッターを切るのだが写らない。
何度試しても写らない。目の前にいるのにカバだけが写らない。
とりあえずカバに近寄ってみる。
手を伸ばしてみたが、そこにいるのに触ることもできない。
……あ、これはアカン奴だ。触れないいってことは、本当はここにはいないカバだ。
こんなにはっきり見えてるのになあ。

間近で見るカバはとにかく大きかった。

ラクダ

「死体の幽霊に遭遇したことありますよ」

それはそうだろう。幽霊は大抵死んでいるものだ。そう反論すると、石村さんは違うのだと言葉を遮った。

当時彼は専門学校生で、静岡県に住んでいた。その頃に遭遇したものの話だという。

石村さんは早朝に駅で友達と待ち合わせをしていた。

まだ冷たい空気の中、車が行き交う大きな国道の歩道を歩いていると、前方に巨大な動物が倒れており、だらしなく四肢を投げ出している。近寄って確認してみると、それはラクダだった。動物園で見たことがあるものと同じだ。だが間近では動物園での印象よりもふた回りほども大きく感じた。

とにかく行く手が完全に阻まれている。通りたくても跨《また》がないと通れない。わざわざ横断防止柵を越えて車道に出るのも戸惑われた。

ラクダは目を閉じて口を半開きにしている。上顎には前歯がなかった。そこからべろりと薄ピンクの舌をはみ出させている。

呼吸もしていない。

明らかに見るからに死骸である。

死んだラクダが歩道に転がっているのだ。

誰かに連絡しなくては。だがどこに連絡をすれば良いのだろう。保健所か？　警察か？

だが携帯電話もない頃の話である。カメラなんて気の利いたものも持っていない。

心残りだったが、友達との約束の時間もある。死骸を踏みたくはなかったので、ラクダの脚を踏まないようにと、おっかなびっくり跨ぎ越して、その場を後にした。

駅に急ぐと、既に友達は待っていた。五分の遅刻である。

遅いと責められたが、石村さんは謝るよりも先に、先ほど見たラクダの話をした。

「そんな嘘つくなよ」

大笑いされた。あまりにも真剣に話す石村さんの様子を見て、友人は、それだったら二人でそれを見に行こうぜと言い出した。

待ち合わせに遅れた言い訳なら、もっとまともな話をするだろう。そういう理由だった。

二人は小走りでラクダの倒れている場所まで移動した。

しかし、まだ十分と経っていないにも拘わらず、死体は消えていた。

後日、新聞やニュースを調べてみたが、動物園からラクダが逃げたといった話もなかった。

獏

豊田さんの住む街には、奇妙なものが出るのだという。ただし、彼以外にそれを目撃した人に会ったことはないし、彼自身もそれが実在のものかどうかを疑っている。

しかし、深夜一人でコンビニに買い物に行った帰りなどに、かなりの頻度で出会ってしまうため、今ではその存在を受け入れざるを得なくなっている。

もはやそれがいないかどうかを視界に探しながら歩くほどだという。

それは家の屋根に乗る一匹のマレーバクである。胴体は白。あとは黒に塗り分けられ、短い象の鼻を持つマレーバクが、家の屋根に乗ってムシャムシャと咀嚼《そしゃく》している姿だ。

最初は何のためにそれがいるのかも分からなかった。動物園から逃げ出したにしても、マレーバクに一軒家の屋根に乗る習性はないだろう。

ある夜、豊田さんは近所の家の窓から、バクがぬるりと顔を出す瞬間に行き合った。どうやら家々に入り込んでは出てくるときに何かを食べているということらしい。

本当のところはよく分からない。ただそれ以来、あれは夜毎に町の人々の悪夢を食べているのではないかと感じている。事実、豊田さんは何年も悪夢を経験した覚えがない。

12

書き割り

深夜、車で農道を走っていると、前をのろのろと走る車に追いついてしまった。

だが、その車の様子が明らかにおかしい。まず、テールライトが点灯していない。板に車の絵を描いたもののようだ。要は書き割り看板のようなものが走っているのだ。

最初はリアルな絵を貼り付けた車が走っているのかとも思ったが、何のためにそんなことをしているかは全く理解できない。

相手は速度を上げるつもりもないらしい。そこで追い抜くことにした。

深夜なので対向車はない。センターラインを大きく越えて速度を上げた。そのとたんに、違和感を覚えた。

抜く瞬間に助手席の窓から覗き込むと、巨大なタヌキが看板を背負って走っている。

どうも抜かれまいと必死の様子である。

仰天してアクセルを緩めると、タヌキは横の田んぼに飛び込んだ。

左後方からやけに大きな水音が聞こえた。

車を停めて確認をしたが、前にも後にも真っ暗な農道が続いているだけだった。

爪痕

小松さんの先輩の杉さんは、規模の大きな不良チームの「教育係」だった。上からの指示で色々と残酷なことを実行する役柄である。

「様々な理由で、チームを辞める奴もいます。でもそのときはチームの中で教育的指導をしてからってことになるんです。えげつない話ですよね。彼はその実行役だったんです」

上からの命令は絶対だ。総長からの「やれ」の一言で、否が応でも動かねばならない。

ある晩、杉さんは、チームの顔に泥を塗ったという理由で、メンバーの一人に制裁を加えた。直接殴る蹴るの暴行を加えた後で、彼の可愛がっている飼い猫を殺したのだ。生まれたばかりの四匹の子猫とその親猫の頭を、コンクリのブロックで潰したのである。

その集会の翌朝、杉さんは首回りの痛痒《いたがゆ》さで目が覚めた。

寝間着を脱ぎ捨てて洗面所に向かい、鏡に上半身を映して言葉を失った。細い針で引っ掻いたような三本の傷が、赤く身体に走っていた。

痛みを感じたのは顎の下から首に掛けての傷だった。だが、傷はそれだけではない。

右の顎の下から、喉を一周して胸、脇の下を通って背中、脇腹、腹、腰、太腿に至るまで、一筆書きで描くようにして傷が残っていた。

昨晩の猫のことを思い出したが、そんなことはあり得ないと、すぐにその考えを打ち消し、傷薬を塗って服を着た。

仲間のいる店に向かっている途中で、熱っぽくなった。店に着く頃には震えが来るほどの熱が出ていた。店で体温を測ると四十度近かった。傷が白く化膿《かのう》してじゅくじゅくになり、肌着が張り付いていた。それを見た仲間も心配し、病院に行くようにと進言したが、杉さんは腰が抜けて立てなかった。救急車が呼ばれ、病院に搬送された。

杉さんは意識を失い、そのまま一週間近く入院することになった。

「でもね、それで終わりじゃなかったんですよ」

年に一度傷跡が膿むのだという。それも件の集会のあった時期に。

抗生物質入りの軟膏《なんこう》を塗れば、酷くならずに済む。だが、四半世紀以上も前にチームは解散しているが、杉さんの身体の傷跡は今でもずっと現役なのだという。

意外性重視系怪異

　雅也は、これは猫だ、と気が付くのに数秒を要した。パッと目に入った瞬間は、丸まった洋服か何かだと思った。車に何度も轢《ひ》かれた挙句、この路側帯まで転がったのだろう。見るからに、いかにもそんな具合だった。

　コレは立ち止まって凝視するべきものではない。気をとり直して近所のスーパーに歩を進めなければ。

「気持ち悪ぃ……」

　雅也が立ち去り際、小さな声でそう独り言《ご》ちた瞬間、チクリと両の内腿に痛みを感じた。

　ヒリヒリとする痛みに耐えながら買い物を済ませ、家に帰ってから内腿の様子を確認したところ、両足とも内腿の部分が広範囲に亘って赤みを帯びていた。

　尤も、注目すべきは妻に指摘されて分かった、背中の傷のほうだ。

　大量に細かい傷があるにも拘わらず、痛みは一切なかった。

セスナ猫

田中さんの叔父はセスナ機乗りだった。ある日、田中さんは叔父に雲の上での不思議な出来事はないかと訊いてみた。

すると叔父は、難しい顔をした。

「空では色々なことがあるけど、飛行機乗りは起こったことを言わないもんなんだよ」

それを聞いた田中さんが落胆したのが伝わったのか、叔父は続けて呟いた。

「まぁ、でもこれくらいは良いかぁ――」

ある日、セスナ機を操縦していると、はるか前方に点のようなものが視認できた。

何だ、鳥か？　そう思う間に、それは目前に迫ってきて風防に直撃した。

猫だった。猫は当たったままの姿勢で風防ガラスをゆっくりすり抜け、機内へと入ってきた。更に唖然とする叔父の顔の脇を浮いたまま通り過ぎると、そのままの姿勢でぷかぷかと空中を後方に移動して、再び機外へとすり抜けていった。

大柄な三毛猫だったという。

鮪と猫

ある日の夕方、小森さんは自宅近くに新規オープンした居酒屋の様子を探りに行った。

当時その居酒屋では、鮪と鰹の刺身が食べ放題というキャンペーンを行っていた。

狭い店だがお客の入りも良く、小森さんは店外で待たされることになった。なかなか自分の順番が回ってこない。彼は様子を店員に訊こうと暖簾《のれん》をめくって店内を見回した。

すると眼前を、両手を広げた幅ほどの巨大な鮪がゆらりと通り過ぎた。更にその後を、数匹の猫が追いかけていく。不相応な獲物にじゃれつくように飛んだり跳ねたりしている。

もちろんそのどれもが生きているものではない。小森さんには日常からこのようなものが視える。更に必要に応じて祓うこともできる。所謂《いわゆる》霊能力者なのである。

霊になっても猫に追いかけ回されるなんて不憫《ふびん》なことだと、彼は鮪を成仏させた。

その途端、先ほどまで鮪を追い回していた猫達が、獲物はどこに消えたのかと、きょろきょろと周囲を探し始めた。

考えてみると、獲物を突然奪われた猫めらも、これは哀れなものであるなと、小森さんは席に案内された折に、猫達を慰めるための鮪を別皿で一つ注文した。

18

ナマコ

木下さんはその夜、残業で遅くなり、最寄り駅からマンションまでの道をとぼとぼ歩いていた。住宅街の薄暗い道を通っていると、足元にぐにゃりとした感触があった。

嫌な感触だ。何か柔らかくて、ジメッとしたもの。とっさに犬のフンを踏んだと思った。

だが、それは犬のフンではなかった。黒くて長細い肉厚なもの。突起が付いている。

ナマコか。何故ここにナマコが。お尻のところから白いものが出ている。内臓だ。それは確認したと同時にすっと透明になり、地面に吸い込まれるように消えていった。

俺、疲れてるんだな。シャワー浴びてすぐに寝よう——。

部屋に戻ってライトを点けると、リビングのカーペットの真ん中にナマコがいた。

目を擦っても相手は消えない。その日から木下さんのナマコを避ける生活が始まった。

手で持ったり触れたりすれば実在するかどうかが明確になるが、その確認を取るのが怖い。恐らくは幻覚だろう。しかし自分の狂気を突きつけられるのは恐ろしかった。

その数日後。木下さんは会社から帰るとシャワーを浴び、冷蔵庫にビールを取りに行こうとした。数歩歩くと、異物を踏み潰した感触が足の裏に伝わった。足元を確認すると黒い棒状のものが何かを尻から吐き出している。うっかりナマコのことを忘れていたのだ。どう後片付けをしようかと考えていると、ナマコは床に吸い込まれるようにして消えた。それを見た木下さんの心は限界に至った。もうダメだ。寝よう。缶ビールを飲み干してベッドに直行し、布団を被った。いつまでも嫌な感触が足に残っていた。

朝起きてもナマコの姿はなかった。

良かった。やはり幻覚だったんだ。これは疲労のせいか。ストレスだろうか。仕事が一段落したら有給休暇を取ろう。そう強く決意して出社した。

帰宅すると、部屋にはまたナマコの姿があった。

木下さんは気が遠くなりそうだった。ナマコが二匹に増えていたからだ。

「何で増えているんだよ。何でだ。どうしてだ」

口に出しても相手は答えてくれない。病院に行ったほうがいいだろうか。

それからは前よりも注意深く、絶対にナマコを踏まずに生活しようと決意した。だが、その矢先のことだった。トイレに入っているうちに移動していたのだろう。ドアを開けて出た瞬間に踏みつけてしまった。例の如くそれは脱腸して消えた。

絶望を叫んでも状況に変化はない。もう一匹のナマコはリビングに転がっていた。

木下さんは会社の帰りに心療内科に足を運んだ。

担当の医師には、変なものが見えると訴えた。それには触れることもできると伝えた。

それに対する返答は、疲労とストレスが溜まっていてノイローゼ気味かもしれないというものだった。がっかりだった。そんなことは分かっている。深刻化しそうなら再度来院してくださいという医師の言葉を胸に帰宅すると、ナマコは三匹に増えていた。

深刻化している。しかし、特にうるさいとか噛まれるとか、部屋を荒らされるという実害はないのだ。仕方がない。状況が落ち着くまで避けて暮らそう。

しかし、ナマコはこちらに踏ませようとしているとしか思えない行動を取る。隙を見て近付いてくるのだ。そして踏んづけてしまう。結局数週間でナマコは五匹まで増えた。

その頃には踏めば増えることは理解できた。

ある夜、珍しく連絡のあった学生時代の友人と飲むことになった。家にいてもナマコを踏むか踏まないかで心は休まらない。二つ返事で誘いに乗った。

二人で酒を飲みながら話をしているうちに、最近変なものを見るようになったとナマコのことを打ち明けた。

すると、友人はキョトンとした顔をして、その後、大笑いした。

お前、大丈夫？　馬鹿にしたような顔で笑う。

木下さんは馬鹿にされたのが悔しくなり、それならうちまで来いと誘った。

そんなこと言っても幻覚なんだろ。心は大事にしろよ。そう笑う友人と二人で帰宅した。

「ほら、見てみろ」

幸い視界にはナマコがいい具合に転がっている。

「……お前、ドッキリにしてもやりすぎだろ。ナマコ集めて何やってんだよ」

「違うよ。今日は元々お前に会う予定もなかっただろ。自然と増えたんだ。おい気を付けろよ。テーブルの周りにはいないから大丈夫だと思うけど、踏まないように気を付けてくれ」

友人は始終落ち着かない様子だった。途中でトイレを貸してと言ったので、玄関のほうにあるよと場所を説明した。カニ歩きのような格好で友人はトイレに旅立っていった。

暫くしてトイレから帰ってきた友人がリビングに入った瞬間に叫び声を上げた。

「ダメだろ。踏むなって言っておいたよな」

「おい、ナマコが消えたぞ。これおかしくないか」

そうか。やはり俺が正常で、このナマコが異常なのだ。だが、自分はいつまでこの異常な状況に耐えられるだろう。

「俺こんなナマコ部屋にいられないよ！」

友人はコンビニで買った酒にもつまみにも手を付けずに、部屋を出ていった。

翌朝、いつも通りに綺麗さっぱりナマコはいなくなっていた。

しかし、夜帰宅すると様子がおかしい。踏まれて六匹に増えると思っていたナマコが一匹減っていた。更に次の晩は三匹に減っている。

その次の晩は二匹になった。二匹だと殆ど気にならない。

さらに次の夜には、とうとう一匹になった。少し寂しい気持ちもある。

一週間と経たずに全てのナマコが消えてしまった。

数日後、件の友人から連絡が入った。会いたいとのことなので待ち合わせた。

彼は木下さんの顔を見ると、どうなっているんだよと強い口調で訊ねてきた。

どうやら彼の部屋にナマコが出るようになったらしい。そして今現在五匹いるという。

翌晩、六匹に増えたぞと連絡を受けたが、それ以降は知らない。

たらこ

山中さんのアパートの目の前にある児童公園には遊具が殆どない。

ある夜のこと、ベランダでタバコを吸いながら公園の様子を眺めていると、公園の街灯の下に何かが置かれていた。大きさや形はといえば、人間サイズの巨大なたらこである。それが垂直に立てられている。ああ、着ぐるみかと合点した。

何かコマーシャルのロケでもしているのだろうか。それにしてはカメラもなければ照明もない。人もいない。

公園の街灯の光量では、殆どシルエットである。

興味を持って観察していると、時折それが動く。

ぐにぐにと折れ曲がり、ついには全身を左右に激しく振り始めた。

そこまで興味津々で野次馬気分だった山中さんも、怖くなってベランダから逃げるように室内に戻った。

今のは何だったんだろう。

いや、あれは単に着ぐるみの中の人が何か演技の練習でもしているのだ。もう寝よう。

酒でも呷《あお》って寝てしまおう。

布団に入ってすぐに意識が落ちたが、尿意で目覚めた。まだ暗い。

「ん……トイレ」

起き上がろうとして飛び上がらんばかりに驚いた。すぐ目と鼻の先。ベランダへの窓の外は、うっすらと街灯に照らされている。

そこに掛けられた白いレースのカーテン越しに、先ほど公園にいたはずの巨大なたらこのシルエットが浮かび上がっていた。

それ以降、人間大のたらこが夜な夜なベランダに現れる。じっとしているかと思うと、時々左右に激しく揺れる。それ以上のものではない。

山中さんは気にしないようにはしているが、正直なところとても嫌だという。

盛り塩

佐藤さんの家は代々和菓子屋を営んでいる。商売をやっている家の験担ぎの習慣として店先には盛り塩を置いている。

その店先の盛り塩が、最近やたらと減るのである。最初は泥棒かとも思ったが、そんな物を盗む者などいないだろう。恐らくは誰かのイタズラだ。佐藤さんの中ではそう結論が出ていた。

ある夜のこと、尿意を催して目を覚ますと、外から妙な音が聞こえてきた。常歩《なみあし》でゆっくり歩く馬の蹄《ひづめ》の音にも聞こえる。窓を開けて外の様子を窺《うかが》ってみると、半透明の馬が歩いているのが視界に入ってきた。目を離せずにいると、その馬は店先で立ち止まり、首を下げて何かをしている。

半透明の馬は暫く動かずにいたが、また蹄の音を立てながらどこかに去っていった。

佐藤さんは馬が何をしていたのかを確認するために外に飛び出した。

馬のいた辺りにはいつもの盛り塩があり、その上部がしっかりと舐め取られていた。

佐藤さんの店は今日も繁盛している。

ネズミ

真理子さんは所謂「視える人」である。

ある年の夏のこと。彼女は友人達と連れ立って海に行った。

しかし、渋滞に巻き込まれて目的地に着いたときには夕方になってしまっていた。

海で遊ぶのは明日でも良いよねということで、皆で海に沈む夕日を眺めに出た。

その浜に降りた真理子さんの目には、青白い燐光を放つ一つ目のネズミが、波打ち際のそこかしこに転がっているように映った。それらは波が来てもぴくりともしない。どうやら死んでいるようだ。

現実のものではないのは分かっていたが、どうにも気持ちが悪い。踏みつけないように気を付けて歩く。友達には何を気にしているのかと問われたが、曖昧な返事をした。


——痛い痛い。

夜、彼女は痛みで目を覚ました。友人達はすっかり寝入っている。何故か自分だけが布団をはだけて俯《うつぶ》せで寝ていた。

その背中。肩甲骨の間に何かが乗っている。昆虫ではない。小柄な猫かハムスター。又は――ネズミ。ゾッとした。起き上がろうとしたが、身体が動かない。金縛りだ。

背中に乗っているそれは肩甲骨の間に前足を伸ばして、爪を研ぐように肌を引っ掻く。

大声を出そうとしても、それも敵わない。

全身から脂汗が吹き出る。枕に押し付けた顔を伝って、汗が枕に滴った。

それは背中での爪研ぎをしつこく繰り返した後で、ぴょんと飛び降りた。

夕方、浜に転がっていた一つ目のネズミだった。全身がぼうっと青白い燐光を放っている。生きている――といっても明らかにこの世のものではない。

それはちょろちょろと畳を横切り、半開きの襖から廊下へと出ていった。寝る前にきちんと閉めておいたはずだが、誰が襖を開けたのだろう。

真理子さんは朝まで寝付くことができなかった。

翌日、海に入ると海水が背中の傷に沁みた。友人からその背中はどうしたのかと問われたが、何かのアレルギーかもしれないと誤魔化した。

結局そこには一時間と滞在しなかった。

旅行から帰ると、彼女は四十度近い高熱を発した。結局ひと夏の間体力は回復せず、ずっと寝込みがちだったという。

足蹴の条件

大学進学で地元を離れていた友人の御手洗《みたらい》が、就職を機に帰ってくることになった。

引っ越し当日、手伝いに集まったのは気のおけない連中が男女合わせて七人。そのうち男は竹谷、斎藤、白石、大賀の四人。あとは御手洗の彼女の彩花と女子校時代からの友人である美波だ。

手伝いも目的の一つには違いないが、コンビニの場所を確かめていたところを見るに男どもの目当ては作業が終わった後の引っ越し祝いと称した新居での飲み会だろう。

御手洗の引っ越し先である独身者向けのアパートは1Kで、玄関外の廊下も狭い。横に並んで歩ける幅はなく、部屋に入るのに一列に並んで待たなければならなかった。

先に部屋の主である御手洗がドアを開け、玄関に滑り込んだその瞬間。

「ほあぁぁっ！」

何とも間抜けな悲鳴に、何事かと玄関を覗くと御手洗が俯せに倒れている。

「ちょっと何しとん」

呆れたように笑いながら声を掛け、首を捻りながら立ち上がった御手洗の横を通り彩花が部屋に上がった。

丁度そのとき、引っ越し業者が荷物とともに到着。残りの友人連中は邪魔にならないように通路の反対側に移動して、先に業者を部屋のほうへ通した。二人掛かりで荷物を抱えて玄関へ入った途端。

「おわぁ！」

「うわぁ！」

上がった叫び声に驚いて部屋を覗くと、倒れこそしなかったものの、膝を突いて荷物を支えながら慌てる業者の姿がある。

「し、失礼しました」

業者の年嵩の男性は即座に謝罪したが、若いほうの男性は不思議そうに上を見上げている。

先に入室していた彩花と御手洗も、天井付近を見上げてあんぐりと口を開けている。

「何や、何があったん？」

何事かと竹谷が急いで玄関に入る。

「のあああっ！」

そのままべしゃりと音がしそうな勢いで前にのめった。

御手洗と彩花だけでなく、引っ越し業者の二人も唖然と天井を見上げている。

「竹谷、何しとんの？　手伝い来て、ふざけんなや」

苛立ち気味の斎藤がこちらを押し退けて中に入った。

「どわっ！」

ぬっと空中から現れた大きな足が斎藤の背中を踏み、押し潰したと同時に消えた。

中に入る人間は玄関で皆足蹴にされるのか。これでは部屋の中に入れない。

だが、彩花は何事もなく入室できている。引っ越し業者も含め、今のところ踏まれたのは男連中だけだ。もしかしたら、女は大丈夫なんじゃないか。

そう思い当たって、白石と大賀を押し留め、先に美波へ入室を促した。

「えぇ、何？　何よ？　怖いやん」

おっかなびっくり玄関に入ったが、美波はすんなり入室できた。ということは、自分も大丈夫なはず。

「やっぱりね。女は大丈夫なんだよ」

そう言いながら確信を持って玄関へ一歩足を踏み入れたその刹那。

——どすん！

頭と首に伸し掛かる重みに押さえ付けられる。顔を上げた先、大きな親指があった。右側に他の指が連なっていることから右足と分かる。

小馬鹿にされたような気がした。女は大丈夫なはずだろう。確かに自分は男勝りと言われるし自覚もあるが男じゃないぞ。

「おっしゃぁぁっ！　こんにゃろおぉっ！」

気合い一発、湧き上がる怒りに任せて右側に身体を傾けて跳ね除ける。

畳一畳分はある足の裏を見せ、大足は床に転がって消えた。

その後、白石と大賀は無事に入室を果たし、自分はといえば皆に随分と温い視線を貰った。

解せぬ。

スタッドレス

真冬の京都丹波での話である。

気温はグッと下がっていた。山の路面は除雪されていたが、酷く凍結していた。

峠を走っていた岬さんは、カーブを曲がろうとした際に、タイヤが路面を噛み切れずにスリップした。

スピンしかける車体に焦りながらハンドルを操作し、車体は辛うじて持ち直した。しかし、最後は除雪された雪山に尻から突っ込んで止まった。しかも、路側帯に積まれた雪でタイヤがスタックしてしまい身動きが取れなくなった。

ロードサービスを呼ばねばと携帯電話で連絡すると、三時間ほどお待たせすることになりますとの話だった。山の中だ。とにかく待つしかない。暖房を入れた車内でじっとしていても、なかなか時間が過ぎない。携帯電話のバッテリーも心許ない。

そのとき、つづら折れになっている坂の下のほうから、男の叫び声が聞こえてきた。

「うぁあぁあああっ！」

聞けば聞くほど男の絶叫である。だが、近付いてくる速度が尋常ではない。車の排気音がそう聞こえるのだろうか。どんどん近付いてくる。

カーブから姿を現したものは、真っ黒い輪だった。一瞬小動物かと思ったが、明らかにホイール径二十二インチサイズのタイヤだった。それがエキゾーストノートを放ちながら転がってくるのだ。

それは速度を落とすと、スタックしている岬さんの車の前にぴたりと止まった。ヘッドライトをアップにして確認してみると、やはりゴムタイヤが静止している。

タイヤだけが何故坂の下から上がってきたのか。本体はカーブの直前で事故でも起こしたのか。何でゴムタイヤが。登り斜面を。どうやって。色々と混乱していると、それはゆっくり旋回し始めた。ホイールの面を岬さんに向けて止まった。

そこにはめ込まれた金属ホイールには、達磨大師のような髭《ひげ》だらけの顔があった。大きく目を見開いた男性の顔がこちらを見据えている。事故を起こしたこちらのことを興味深そうに凝視してくる。

一体俺は何を見ているんだ。岬さんは、ヘッドライトに浮かぶ顔と睨み合った。

多分そうしていたのは十秒ほどの時間だったろう。その後、タイヤは向きを変えて、再びカーブの先へと叫び声を上げながら去っていった。深夜の山中に絶叫そのもののエキゾーストノートが轟く。

更に暫くすると、坂の上から先ほどのタイヤが声を上げながら転がってきた。叫び声がドップラー効果を起こす。凍結した路面にがっちりと食いついたタイヤは、絶叫を轟かせながら坂を下ってその場を立ち去った。

「凍っている路面であれだけスピードを出して大丈夫だったってことはさ、あのタイヤはスタッドレスだ。あと、あのアイスバーンでスリップしなかったのは、凄いドラテクだと思う」

岬さんは興奮冷めやらない様子だった。

肉まん

子供の頃住んでいた家の近所にあった川は、今でこそ環境が良くなって水も綺麗になったが、川幅が狭い所謂ドブ川だった。

小さいとはいえ、川には違いはないのでそこで遊ぶことを大人は良しとしなかった。

それでも川遊びはやめられず、時々こっそり遊びに行っていた。

大雨で増水して暫く川で遊べなかったので、晴れたのを見計らって水が引いた川岸を眺めに行った。

——バシャン。

取り残された水溜まりで何かが跳ねた。

川へ帰れなかった魚でもいるのか。

期待に胸を膨らませつつ覗いてみる。直径約十センチはありそうな大きさの、白く滑った丸いものが見えた。

——おたまじゃくし？

それにしては顔らしきものもなければ、尻尾も見当たらない。

——いやいや、頭だけのおたまじゃくしとか、おらんやろ。

強いて言えば、肉まんのようにも見える。

もっとよく見ようと近付いた途端、それがバシャンと水溜まりの外に踊り出た。

まん丸い頭から突き出た爪楊枝のような細さの長い手足を踏ん張り、パシャン、パシャン、と四つん這いに跳ねながら川の中へ飛び込んでしまった。

濁った水にどれほど目を凝らしても、もうそれを見つけることはできなかった。

靴片方

埼玉県のとある町の話である。

その町は低地にあるので、少し離れたところを流れる荒川が氾濫すると、距離があるにも拘わらず水害に遭う。周囲一面を水が覆ってしまうために、徒歩や車では移動ができない。そのようなときのために納屋の軒下に小舟が吊られている。

そのような土地なのだ。


弓削さんが小学生のときのことである。大雨で荒川が氾濫し、一階の軒下まで浸かるような洪水が起きた。濁流に押し流され、行方不明者も多く出た。その殆どは、後日、下流で遺体となって発見された。

水が引いたときに、行方不明となった数名の家の玄関先に靴が片方だけ流れ着いた。行方不明となった被害者が当日履いていた靴である。

本人は死んでしまったが、靴だけは家族の元に帰ってきた。

皆がそんなことを噂し合っているのを幼心に記憶しているという。

橋の手前で

その日は快晴だったので、いつものようにジョギングへ出た。

大きな河川沿いに伸びている堤防道路を走っていると、川向こうからスーツ姿の男が歩いてきた。

いかにも散歩といった様子の男は、こちらに気付くと軽く会釈をしながら道を譲った。

同じように会釈を返しながら、男が来た方向へ足を向ける。

橋に一歩足を踏み出そうとして、何気に足元に目が行った。

靴紐が解けている。

結び直そうとしゃがんだそのとき。

——ドンッ。

背中への衝撃とともに頭から土手を転がり落ちた。

幸い二メートルほどで止まり、土手にしがみついて堤防の上を見上げれば先ほどの男の後ろ姿が見えた。

にやにやと薄ら笑いを浮かべ、こちらを見下ろしている。背中が見えてるのに。緩く曲げられた肘が、その不自然さが示す違和感。
男の顔だけが真後ろを向いていた。
何とか土手をよじ登って道路の上に出たときには男は消えていた。
身体に付いた草や土を払い落としながら、男が歩いてきたほうを振り向く。
そこに橋など、どこにもなかった。

今夜はカレー

風間という小学校の頃からの友人は、時々鼻をすんすんさせて近寄ってきた。決まって放課後の、もう帰ろうかという頃合いである。

「お前んち、今夜カレーだな」

自信に満ちた顔でそう断言されて家に戻ると、本当に夕食がカレーなのだ。

「何で分かるんだよ」

「いや、今くらいの時間になると、御飯の匂いがするんだよ」

どこからするのかと訊ねると、友人達の身体から、料理の匂いが立ち上るのだという。揚げ物の匂い。焼き魚の匂い。ニンニクの匂いは焼き肉かな？

正確に当ててくる。自分自身の晩御飯も分かるらしい。

「カレーはいいよな、匂いがしたときにすぐ分かるもんな」

だが、風間は最近この能力を失ってしまったと残念がっている。

二十歳になったら、突然友人から飯の匂いがしなくなったのだという。

テキーラ！

清さんは若かりし頃に、海外を転々としていた。その最中に知り合った友人に、トートバッグに酒瓶を入れている男がいた。

彼はテキーラが大の好物で、時々バッグから瓶を取り出してはぐびっと呷る。アル中かと思ったが、そうでもないらしい。

ある日、いつものように仲間と酒場で飲んだ後に、次の店を目指していい気分でテキーラ男と歩いていると、彼が大声を上げた。

「誰か付いてきてるぞ！」

すわ暴漢かと振り返ると、一見それは人のようにも思えたが、明らかに人ではない。上背が四メートルから五メートルはある。見上げるほどだ。衣服は着用しておらず、ところどころ背後が透けている。

「あいつ、変じゃないか？」

「振り返るなよ！」

その巨人は歩幅が大きいのか、ぐんぐんと距離を詰めてきた。追いつかれると思ったときにはもう普通の存在ではないと理解していた。

刹那、いつバッグから取り出したのか、テキーラの瓶を掴んだ友人が叫んだ。

「ここは俺に任せろ！」

彼は酒瓶に口をつけると、ぐびぐびと呷った。何をやっているのかと思うと、ライターを手早く取り出して、火を点けた。そして、後ろから迫ってくる巨人に向かって、口に含んだテキーラを吹き出した。

吹き出した酒に、ライターの火が引火した。火炎が巨人目掛けてまっすぐに伸びた。巨人は全身を炎に包まれて怯んだ様子だった。踵を返して逃げていく。だがその途中で燃え尽きるようにして姿が消えてしまった。

「怪物を追っ払うにはこれしかねぇんだよ！」

自慢げな友人に、後日テキーラを一瓶プレゼントしたとのことである。

車顔

田宮さんの同僚の江本さんは、時々窓の外を見て、怪訝《けげん》な顔をするのを繰り返していた。どういうことかと訊ねると、車が溜め息を吐いているという。だが、言われても理解が追いつかない。

気になった田宮さんが何かあるのかと訊ねた。すると、最近は表情の良くないトラックが、何台も走っていくのだと答えた。

「もしかしたらリコールが出るんじゃないかなぁ――」

心配そうにそう呟いた江本さんは、車には顔があると日頃から主張している。確かに正面から見れば顔に見えないことはない。

「違うって。ちゃんと人間と同じような顔が付いているんだよ。表情もある。それであいつらの調子が分かるんだ」

車を一瞥《いちべつ》したり走行音を聞くだけでエンジンの調子が分かるというような職人的な話とも違うらしい。明らかに顔が浮き出ており、そこには人間のような表情があり、江本さんはそれを読み取れるというのだ。そこで田宮さんは愛車を彼に見てもらった。

「お前の車、やたら疲れた顔しているよ」

セダンタイプの乗用車の場合、ボンネットに顔がある。それがしかめ面をしている。疲れた顔で溜め息を吐いている。このままだと調子が悪くなる。

そう繰り返す彼は真剣そのものである。具体的にどこが悪いのかと訊くと、ボンネットに手を乗せてもいいかと訊ねられた。

「うんうん。なるほど。やっぱりそうなんだ」

ボンネットに手を置き、会話をしているように二言三言車に向かって返事をしている。その後、くるりと田宮さんのほうに振り返った。

「ちょっと彼から話を聞かせてもらったけど、近いうちにバッテリーがへたると思うよ。早く何とかしないとエンストするよ」

江本さんと話して一週間と経たず、田宮さんの車は駐車場でエンジンが掛からなくなった。ロードサービスを呼ぶとバッテリーの電圧が下がっているという。

「これはもうバッテリー交換しかないですね」

作業員の言葉に、江本さんの顔が浮かんだ。

田宮さんだけではない。他の同僚も江本さんからのアドバイスで、不具合を発見している。「江本の見立てはディーラーの車検よりも効く」とは同僚の言である。

おにぎり

スポーツ推薦で地元を離れ、体育会系の高校に入った白石君から聞いた話。

彼は学生寮で生活している。そこで暮らし始めてから、週に何度かという頻度で奇妙なものを見かけるようになった。

朝、起き抜けにベッドから身を起こすと、窓枠に白い三角形に黒い四角いものを貼った何かが立っている。コンビニのおにぎりと見まごう姿である。ただ、それからはひょろっとした手足が生えていた。

それは白石君が起きたのを確認すると、軋《きし》む音を立てて窓を開ける。開けると同時に大声を張り上げる。

「梅ダァ！　梅ダァ！　今日は梅ダァッ！」

野太い声だ。張りもある。応援団に良い声だ。それは自分で開けた窓から外へと飛び出していく。

白石君は部活の激しい練習があるので、お昼には弁当だけでは足らず、購買へ食料を調達に寄るのが習慣となっている。しかし、少し遅れると、もう殆ど買えるものがない。

その日は購買にポツンと一つおにぎりが残っていた。

「おばちゃん。これ、中身何？」

「あー。梅おにぎりだね」

朝のおにぎりが頭に過ぎった。


別の日にも同じおにぎりが窓枠に立っていた。

「おかかダァ！　おかかダァ！　今日はおかかダァッ！」

そう叫ぶと窓から出ていく。その日の昼の購買には、おかかのおにぎりが一つ残っていた。

「塩こぶダァ！　塩こぶダァ！」

「たらこダァ！　たらこダァ！」

おにぎりが叫ぶ日は、必ずその種類のおにぎりが、自分を待つように一つだけ残っている。叫ばない日は売り切れている。あるとき、おにぎりの居残り予告なのだと気付いた。

だから叫んでくれたほうが嬉しい。

ただ、卒業するまでに、おにぎりがシャケと叫んだのを見たことはなかったという。

俺、おにぎりだとシャケが一番好きなんですけどね、とつぶらな瞳で白石君は言った。

あたためますか

裕介のアパートは目と鼻の先にコンビニがある。

その日はいつも立ち読みをしている雑誌の発売日だった。仕事帰りにコンビニに立ち寄る。いつものように数冊立ち読みして、ぐるりと店内を一回りすると、野菜ジュースを買って帰った。


夜、コンビニに向かって歩いていく夢を見た。

自分は今、夢の中だと気付いている。先ほどと同じような行動を取っている。そこまでは自覚がある。

買い物かごをレジに乗せ、会計をしようと財布を覗いていると声を掛けられた。

「あたためますか」

女性店員の声だ。だが、買い物かごの中に温めるようなものはないはずだ。顔を上げると、制服を着る女性の首から上がなかった。

何の冗談だ。理解ができなかった。

店員の背後でレンジが音を立てた。店員がそれを開けると、レンジの中から女性の顔がこちらを向いて笑っていた。接客用の愛想笑いだ。目が笑っていないではないか――。

そこでがばっと起き上がった。嫌な汗で全身が濡れていた。

――夢か。変な夢だったな。

立ち上がろうとすると、キッチンで電子レンジがベルを鳴らすような音を立てた。続いて乱暴にレンジのドアが開く音が聞こえた。

「あたたまりました」

夢の中で聞いた女性店員の声がキッチンで響いた。

カミサマが火を消す

佳世子さんは生後すぐにカミサマの所へ連れていかれた。当時はその集落で生きる者は皆、そのようにするのがならわしだった。カミサマは赤子の泣き声を聞くと決まって怖い顔をするので、母親達もまたその形相に慄《おのの》き、泣きそうになってしまう。

カミサマの神具はゴツゴツとした大きな石だった。カミサマのぼろぼろの家に赴き、古びた座布団の上に鎮座するその石と白い目をしたカミサマの前で、母親達はその声を聞き逃すまいと耳をそばだてる。

「佳世子。名前はいいね。それでも、この子は火に気を付けたほうが……」

カミサマは母にそう告げ、

「おっと。これはいかん」

と続けた後に、石の両脇に立った蝋燭《ろうそく》の火を吹き消した。

「これで良い」

佳世子さんは、火が消えると同時に訪れた闇に安心したのか、スイッチを切ったように泣き止んだ。

家に戻り赤子の身体を拭こうとしたとき、母は赤子の身体に二つの赤い痣《あざ》を見つけた。

両手の付け根、裏側に、判で押したようにその赤い痣はあった。

佳世子さんは現在六十四歳である。

人生を通して、そのとき住んでいる家の近所で火事があると、その両手首の二つの痣が痛んだ。

だが、それぐらいで済んでいることをカミサマに感謝している。

バキバキ

幽霊が視えるという田中さんの話。

今の部屋に引っ越して以来、繰り返し金縛りに遭うようになった。寝ていると身体の自由が利かない。辛うじて目を開けると、ベッドの枕元にこちら側に背中を向けて立っている女がいる。

これは幽霊だ。すぐにピンときた。がりがりに痩せていて、腕など枯れ枝のようだ。

その女はこちらを振り返ろうと姿勢を変えつつある。田中さんは、これは関わってはダメな奴だと直感して、瞼《まぶた》をぎゅっと閉じた。

見ちゃダメだ。見ちゃダメだ。目はきつく閉じてはいるが、女の気配は伝わってくる。

相手はベッドの上からじっとこちらを覗き込んでいる。人間ならば息の掛かる距離だが、田中さんには幽霊の鼻息の経験はない。

暫くすると気配がすっと消えて、身体の自由が戻った。全身がぐっしょりと汗で濡れていた。

数日後、やはり背を向けた格好で女が現れた。田中さんは先日と同様に、目を閉じてやり過ごした。

更に数日経ち、都合三度目に女が現れたときのことである。

女は振り返ろうとしなかった。背中を向けたまま立っている。姿勢を変え始めたら目を瞑《つぶ》ろうと準備しているが、なかなか機会が訪れない。

じりじりとした時間が過ぎていく。そのとき、目の前の女からボキッと大きな音がした。木の枝でも折るかのような音だった。

音はバキバキバキと続いた。女の姿は腰から二つ折りになった。頭部が上下反転して、足元からこちらにじっと視線を注いでいた。

鼻も目も唇もなまくらな刃物で削いだように不揃いにえぐれてなくなっており、そこからはみ出た赤い肉が露わになっていた。

田中さんはその顔と対面した瞬間気絶した。

それ以来、金縛りに遭わなくなった。あの幽霊がどこに行ったのかは、まるで分からない。

説教

物心付いた頃から、時々白装束を着た女が見えた。

しっとり濡れた長い髪はいつも顔に貼り付いていて、目鼻立ちがはっきり分からない。所謂古典的な幽霊の出で立ちだ。

その佇まいも見るからに恐ろしいが、呪われてでもいるのかと思うくらいには、顔が怖い。

長い髪に隠れているのだから、顔がはっきり見える訳ではない。だがその醸し出す雰囲気がとにかく怖い。

それだけを見れば、悪霊に取り憑かれているとしか思えないが、どうやらそうではないらしい。

中学の頃、自転車で学校に行く途中にあの女が現れたことがある。交差点手前で大きく両手を広げ、通せんぼでもするみたいに。

すぐ目の前に立ちはだかったものだから、驚いて思わずブレーキを掛けた。勢い余って片方の靴がすっぽ抜ける。刹那、操作を誤った右折車が歩道に突っ込んできた。

激しい衝突音に身が竦《すく》む。己の目と鼻の先に突っ込んできた車が停まっていた。もしあそこであの女に止められなかったら、確実に巻き込まれていた。脱げて飛んでいった靴は車の下。背中を伝った冷たい汗に、ゾクリと身を震わせたのを覚えている。

助けられたのは自分だけではない。

ある朝、登校前に現れた女は二つ下の妹の頭と鞄を交互に指差さし、警告するように首を横に振った。その日の午後、体育の授業で妹はバレーボールコートの支柱に強か頭をぶつけた。幸いにも軽いコブを作った程度で済んだ。

極めつけは父が喉頭癌で入院したときのこと。

病室で撮った写真に女が写り込んでいた。女の手は父の喉に伸ばされ、その手に向かって喉から黒い煙のようなものが吸い込まれていく様が写っている。

そのおかげなのか、父は今も元気に過ごしている。

度々そういうことがあったので、女は風貌に反して悪いものではなく、きっと先祖の一人で守護霊的なものなのだろうと納得して、あまり気にしなくなった。

そんなある日、学生時代に嵌《は》まって以来収集を続けているボーイズ・ラブ系の本を求め、同人誌即売会のイベントへ行った夜のこと。

戦利品を嬉々として夜遅くまで読み漁り、そのまま寝落ちした。

その夢の中に女は現れた。いつにも増して雰囲気が怖い。

枕元に座る姿は威圧感が凄まじい。上から覗き込んでくる顔が一層怖い。

全身が緊張で強ばる。

——何だか、凄く怒っている？

ごくりと唾を飲み込んだとき、女は口を開いた。身振り手振りで警告することはあれど、今まで一度として喋ったこともないのに。

「衆道はお侍の粋《いき》で、女子供の嗜《たしな》むものではない」

——は？

一気に力が抜けた。どうやら、守護霊的にはボーイズ・ラブはお気に召さなかったようだ。

小言の一つくらい言ってやらねば済まなかったらしい。目が覚めるまで滾々《こんこん》と説教された。

以来、それ系の小説や漫画を買おうとすると、クレジットカードが見つからなかったり、財布の中身がバッグの底に散らばっていたりと、無言の抗議を受けている。

仕事熱心

永井さんという、所謂「視える」人から聞いた話である。

彼女が勤務しているのは、シルバー人材派遣専門の会社である。主にマンションの清掃担当などを派遣している。

そのマンションは社員の間で評判が悪かった。派遣される人材が皆、一年と経たずに亡くなってしまうからだ。あのマンションには死神がいるとまで噂されていた。

そこに清水さんという六十代の女性が派遣された。彼女は、そのマンションの噂を知ってか知らずか、愚痴一つ溢《こぼ》さず熱心に働いてくれた。丁寧な仕事ぶりも好評だった。

しかし、ある日から無断欠勤が続いた。流石に一週間近くも連絡もなく姿も見せないとなると、見過ごすことはできない。そうクライアントから会社に連絡が入った。

永井さんは、不安を感じながら清水さんのアパートに向かった。アパートに着いてインターホンを何度か鳴らしたが返事はなかった。そのとき、鼻腔の奥に刺激を感じた。

——あ、これはダメだ。

以前にも嗅いだことのある臭いが、ドアの隙間から漂ってきていた。人間だったものが腐敗していくときの特有の臭いである。

警察を呼んで中を確認してもらうと、清水さんは孤独死していた。

マンションの清掃は社員数人のローテーションで担当することになった。しかし、清水さんが亡くなって以降、そのマンションには彼女が「出る」ようになった。永井さんもマンションに行くたびに清水さんが熱心に掃除をし続けているのを確認している。

会社のロッカーにあった彼女の荷物は、引き取り手のないまま紙袋ごと放置されていた。

そして一年が経った。

「私、死んだんですね」

いつも通りに永井さんが清掃の仕事をしていると、普段はこちらに気付かないようなそぶりで仕事に没頭しているはずの清水さんが声を掛けてきた。

こんなときに、何と言えばいいんだろう。

永井さんは声を掛けることもできずに小さく頷いた。

「ありがとうございます。会社のロッカーの私物は処分してくださっても結構です」

そして、清水さんはすっと消えた。

そのとき以来、彼女はマンションに現れなくなった。

今、永井さんは託された言葉をどう会社に伝えようかと悩んでいる。

洗濯干し

引退したタクシー運転手の鼓さんから聞いた話である。彼がまだ現役の頃、詰め所に戻ってくると、一人の運転手が部屋に立っていた。真っ白な頭に着崩した制服姿。松岡という年配の運転手だ。だが、彼は既に引退しているはずである。

「松っつぁん、今日はどうしたんだい」

声を掛けると、彼はひひひと笑った。

詰め所には洗濯ロープが張られ、そこにパンツやランニングシャツ、靴下までが干されている。松っつぁんの仕業だ。

「おっさん、詰め所で洗濯しないでくれよ。家でやれ家で」

あんたもう引退したんだろ。制服だって、そのだらしないのは良くねぇぜ。

ぶつくさ言いながらお茶を注いでいると、松っつぁんは「そうだなぁ。悪ぃことしたなぁ」と、干された洗濯物をポケットに詰め込んでいく。ズボンからはみ出したよれよれの白シャツと、丸く膨らんだズボンのポケット。見栄えがいいものではない。

「んじゃな」

「おい、松っつぁん、どこ行くんだよ」

老人は振り返りもせず、「またなぁ」と言い残してドアから外に出ていった。

そこで鼓さんはハッとした。おかしいとは思ったのだ。彼の家からここまでは、車でないと来られない。しかし、窓から見える詰め所の駐車場には、自分が担当している一台のタクシーが駐まっているばかりだ。

だから鼓さんはすぐに松っつぁんの後を追った。しかし、もう周囲に彼の姿はなかった。


「松っつぁん、昨日の昼過ぎに亡くなったんだと」

喪服を着た社長が詰め所に来て言った。

「俺はこれからお通夜に行かなきゃいかん」

「あれ。松っつぁんなら昨日の昼過ぎに来ましたぜ。そこにパンツと靴下干してたから、いい加減にしろって声掛けたんですよ」

「ああ？　あいつ死ぬ前に洗濯してったのか」

社長は目を丸くした。

「死ぬ前にここで自分の下着干してどうすんでしょうかね」

「洗濯してからあの世に行くってか。死ぬ前に最後に綺麗にしたかったのかねぇ」

引き回し

これも引退したタクシー運転手の鼓さんから聞いた話である。

夕方のまだ明るい時間に、駅前で初老の男性を拾った。後部座席に乗り込んだ彼は「この土地には明るくないんですよ」と頭を掻いた。

確かに行き先を訊ねても所在地の住所や施設名は分からないと繰り返した。

しかしそれでも目的地への行き方はおぼろげながら分かっているらしい。とりあえず指示した道を行ってくださいとのことなので、言われるがままに車を走らせることにした。

「この先の五叉路で右に折れてください」

「この道を暫くまっすぐでお願いします」

大きな交差点に差し掛かるたびに後部座席から指示が飛ぶが、その指示にも迷いが感じられた。おぼろげな記憶を思い返しているのだろう。

運転手としては遠回りでも損をする訳ではない。運転距離が伸びれば運賃は上がる。

暫く走っていると、男性が指示する道は人里を離れて次第に山に近付いていった。

もう陽は落ち、空も紫色へと染まっていた。そのとき、後部座席から声を掛けられた。

「少し行くと左側に細い道があるはずなんで、そこを折れてください」

その指示通り、言われなければ気付かないほどの細い道に車の頭を突っ込んだ。

「あの、お客さん。この道をどこまで行くんですか」

「もうちょっと先に水道関係の施設があるんですよ。水を溜める大きなタンクがあるので、それを目印に行ってください」

何年も人の手が入っていないのだろう。両側から伸びる草に車体を擦られながら道を進んでいくと、左手に巨大なタンクが見えた。その表面にも錆が赤く浮いている。

「ああ、あそこですあそこです。あの施設の入り口のところで降ろしてください」

施設の入り口には、かつては車寄せだったであろう植え込みが残っていた。その奥に鎖で閉ざされた門が見える。更に奥には公衆電話ボックスがあるが、そこまでは草をかき分けねばたどり着けない。

「じゃあ、お支払いのほうは――」

メーターを確認した鼓さんが後部座席を振り返ると、二時間ほども乗せていたはずの男性の姿はどこにもなかった。

無線配車

夏の蒸し暑い夜だった。昼間に上がった気温は、日付が変わっても下がらなかった。鼓さんはタクシーのハンドルを握り、もう仕事を上がろうと会社方面に進路を取った。

そのとき無線が鳴った。運行管理室からの連絡である。

「国道○○号線。建物脇の公衆電話ボックスで鈴木様。近い車向かってください」

その電話ボックスには心当たりがある。すぐ目と鼻の距離だ。

「123号車。もう三十秒で到着します。どうぞ」

アクセルを踏み、宣言通りの時間で電話ボックスに到着した。だが周囲には誰もいない。すわ悪戯か。無線で運行管理室を呼び出してお客がいないと告げると、担当者は反論した。

「あ？　今、ほんのちょっと前に電話を切ったんだよ。どこにも行けるはずないだろ」

担当の言い分では、すぐ車が到着するので、通りに出て待つように指示をしたという。

「タクシーいつ来るんだよって、凄くイラついていたんだ。受話器を持っている指が凍えて感覚がない。もう寒さで死にそうだから早くしてくれって急かされてさぁ――」

鼓さんの記憶では、その電話ボックスからは同様の呼び出しが何度かあったという。

スリップストリーム

好きなバンドのライブがあった。

どうしても見たかった石橋君は、夜勤明けのまま車を飛ばしてライブ仲間の高津さんを迎えにきた。石橋君はうとうとぼんやりしており、どう見てもこのままハンドルを握らせて大丈夫な状態とは思えない。

高津さんが「運転するよ。いや、怖いからさせて」と申し出ると、石橋君は助手席のシートを倒して倒れ込み、「頼む……」と言い終わらないうちに寝落ちした。

首都高をぶっ飛ばし、スカイツリーとビール会社の金色のオブジェが見えてきた頃、助手席の石橋君が唐突に叫んだ。

「ああ！　来る！　来るよ！　気を付けて！」

「えっ、何？　石橋君、起きたの？」

運転しながら石橋君に視線を向けるが、彼は目を閉じたままである。

寝言か――と思ったのだが、しかしはっきりと言葉を続けた。

「お坊さんと尼さんだよ！　いっぱい来るよ！　ほら後ろ！　後ろ！」

慌ててバックミラーを見る。本当に坊主がいた。

時速八十キロで走る車の後ろを、坊主三人と尼僧五人がぴったり付いてくるのである。

よく寺で見かけるような袈裟を着た普通の坊さんと、頭巾を被った尼さんである。彼らは走っているというよりも、経を唱えるような姿勢で立ち尽くしたまま高速移動している。

「ふおおおお！　なっ、何あれ！」

「だから、お坊さんだよ！　早くどいてあげて！」

石橋君の指示を受けて、高津さんはハンドルを切った。このときは左車線を走っていたので、慌てて追い越し車線に出る。

すると、八人の坊主と尼僧はそのままスピードを上げて左車線を直進し、高津さん達の車を追い抜いていった。

「えええー。何あれ何あれ何あれ何あれ！」

「だからお坊さんだってば」

「石橋君、あれ見えてたの？」

と助手席を見ると、石橋君はシートを倒して爆睡したままだった。

揺さぶり起こすと、「坊さんの群れに追いつかれる夢を見ていた」とのこと。

それ、夢じゃなかったよ。いたよ、坊さん。

藍場浜公園

徳島駅の近隣での話である。

山田さんはライブを見に行った家族を待ちながら、川沿いの公園でタバコを吸っていた。川を渡っていく風が気持ちよかった。

そのとき、たぷたぷと寄せる川波の合間から、藻の塊らしきものがぷかりと水面に浮いた。その絡まり合った藻の下から目玉のようなものが覗いている。

それと目が合った。

目と目の幅やきょろきょろとした表情は人間のそれによく似ていた。最初はダイバーかと思ったほどである。違うのは、街灯の光を受けたときに、目の奥が黄色く光ったことだ。

こいつは何だ。頭の中が真っ白に痺れていく。

そうか。これはダメな奴だ。

そう気付いてそこから移動することにした。

周囲にはカップルや家族連れ、ランニングをしている人の姿もある。陸の上までは上がってくるまいと判断した山田さんは、少し離れた場所まで移動すると、ベンチに腰掛けた。

早くライブがハケないだろうか。そろそろのはずだが遅れているのだろうか。イライラしながら黒い川面を眺めていると、視界の中央に見覚えのある藻の塊が浮いた。街灯を受けて、目の底が黄色く輝いていた。

俺今、得体の知れないものにつけ狙われているんだ。

そう思った瞬間、ぞくっとしたものが背中を走った。

山田さんはその公園から逃げ出すしかなかった。

うさぎ跳び

古池君は、ある日、高校の部活で遅くなり、街灯もないあぜ道をとぼとぼ帰っていた。

すると、暗い中を前方から何かがやってくる。微かに声のようなものも聞こえてくる。

歩いてくるにしては背が低い。だが、大型犬ほどはあるだろうか。

野犬だろうか。しかし様子がおかしい。それは速度を落とさず、次第に近付いてくる。

身構えて様子を窺っていると、その正体はしゃがんだ老人だった。もう八十歳はとうに超えているだろう。

彼はうさぎの耳のように伸ばした両掌を頭に添えたまま、うさぎ跳びでこちらに迫ってきているのだ。こちらを睨めつけ、一跳び毎に「ぴょん！　ぴょん！」と酷いダミ声を上げる。

異様な光景ではあるが、相手は生きている人間だ。古池君はほっとした。と同時に関わらないように脇に避けて、老人が通り過ぎるのを待った。

その後歩き始めて何歩か目に気付いた。先ほどの「ぴょん」が聞こえない。

不思議に思って振り返ってみると、もう先ほどの老人はどこにもいなかった。

顔振峠

関さんの弟は、週末毎に方々の山道を車で攻めに行く。その夜も埼玉県の西にある顔振峠《こうぶりとうげ》という山道を走っていた。深夜。もう一般車は通らない時間帯である。

展望台からは圏央道、関越道の明かりが美しく眼下に広がっているはずだ。しかし生憎《あいにく》そちらに興味はない。ヘッドライトが照らすのは細くくねった路面ばかりである。

一晩中走り続けた。もう数時間で空は白く明けてくる。疲労も蓄積している。そろそろ帰ろうと集落まで下りていく途中で、親子連れが坂を歩いていくのとすれ違った。

女性は赤ちゃんをおんぶ紐で背中に背負い、三、四歳ばかりの二人の子供を両手に引いていた。普段着にスニーカー姿。ハイキングにしても不自然な格好だ。何よりこの真っ暗な山道を歩くのに、誰も懐中電灯を持っていない。ここから街までは十キロはある。

スピードを落として横をすり抜ける。気になってちらりと確認すると、子供の手を引く母親は、これ以上ないというような満面の笑みを浮かべていた。

なぁ兄貴、これって何だと思う？　関さんはそう問われたという。

夜景を見に

甲府の近郊の話である。

峠にドライブに行こうという話になり、その日は対向車が来たら避けられないような急な山道を自動車で登っていた。すると助手席の神奈子が声を上げた。

「あそこに人が浮いてる！」

浮いてるってことはねぇだろうよと言いながら、彼女が指し示す方向を見ると、確かにコンクリートの法面《のりめん》を背に、まだ若い男が浮いていた。

「おいおい、まさかあそこで首吊ってんじゃねぇだろうな」

男の頭から一メートルほど上にはガードレールがある。もしもそこからロープで首を吊っているのであれば、確かに今見ているような光景になるはずだ。その可能性を想像した瞬間に、全身に鳥肌が立った。

「急ぐぞ」

そのままアクセルを踏んで山道を辿っていくと、先ほど下から見上げたガードレールの位置に到着した。エンジンを止めて車から降りる。

「いないよ」

神奈子が言った。身を乗り出して下を覗いてみたが、下のほうに畑が見えるだけで、男はいない。

「さっきまで見えてたのにね」

不思議そうな声で神奈子も下を覗き込む。気味が悪い。車に戻るように伝え、すぐにその場を離れた。


「もう五年くらい前に、あそこで受験ノイローゼの学生さんが首を吊ったんだよね。下が畑で見通しがいいから、甲府の夜景が綺麗に見えるでしょ。だから死に場所に選んだんじゃないかって言われてるんだよね」

先日のドライブの体験を友人に話したら、そんな事情を教えてくれた。

夜には暗くて見えないが、昼間に近付いていくとまだ見える。神奈子も見えると言っている。確かにあの場所は夜景が良さそうだ。だが二度とそこまで行きたくもない。

フルフェイス

富田さんは友人と遊びに行った帰り道、二人で車から降りて、タバコを吸いながら怪談話をしていた。

するといつの間にやら友人の隣に、紫のフルフェイスヘルメットを被ったスーツ姿の男が立った。どうやら横から二人の話を聞いている様子である。

友人は気付いていないようで、富田さんの語る怪談話を興味深そうに聞いている。

しかし、話の内容は人が何人も死ぬような陰惨な話だ。不謹慎だと思われても仕方がない。素性も知らない人の前で話すのは気が引ける。

「ちょっとそろそろ河岸ぃ変えよか」

タバコが切れたと口実を見つけて話の途中で一端切り上げ、車に乗り込んでコンビニに向かうことにした。運転席に座ってヘッドライトを点灯し、周囲を確認したが、先ほどのスーツの男はもう姿を消していた。

「さっき、君ん横に、紫のメット被ったサラリーマンおったやろ？」

「気付かなかったですよ？」

「嘘やん。フルフェイスのヘルメット被って、君ん横でうんうん頷いとったで」

友人と肩が組めるような距離だったと説明しても、彼は気付かなかったと答えた。

「そうかぁ。ほな見間違いかもしれんな」

友人の答えに一旦話を打ち切って、車を出した。

十メートルほど先の交差点を曲がったところで、警察が現場検証をしていた。

その路面には、ぐしゃぐしゃになったバイクが転がっていた。

メイドへの道

杉下さんはドライブが趣味で、峠などを遊び場にしていた。所謂走り屋の類である。

彼はその夜も後輩を誘って山へと出かけた。

夜八時頃から日付が変わる頃まで、ずっとカーブの多い山道を走り続けた。流石に疲れが祟って集中力も切れかけている。このまま山道を走らせているのは事故の元だ。

そこで峠から外れて、田舎道の路肩に車を停めた。周囲は街灯もない。真っ暗だ。エアコンのためにエンジンは掛けたままで仮眠を取ることにした。

それからどれほど経っただろう。そんなに時間は過ぎていないように思えた。

助手席の後輩が、誰かと喋っている声で目が覚めた。

——一体あいつ、何喋ってるんだろう。

会話が終わったようなので、寝ぼけ眼で助手席の後輩に声を掛けた。

「お前さ、今誰と喋ってたの？」

「ああ、男の人が来て、窓をコンコンって叩いたから、ちょっと対応してたんスよ」

どうもその男性は、道に迷っているようだった。彼は、後輩氏にこう訊ねたという。

「……すいません。メイドってどっち行けばいいですかね」

　メイドって何だろう。後輩氏は、男性の発言のメイドの意味がよく分からなかった。地名ではないだろう。聞いたこともない。首を捻っているうちに、一つ思いついた。

　この男性が言っているのは、メイツの間違いだろう。メイツなら高速道路のインターを出たところにあるホテルの名前だ。

「こっからちょっと距離あるっスよ」

　そう言って、ホテルメイツへの道を案内したと言った。

「お前さ、それ聞いて変だって思わないの？　今、まだ朝の三時前だぞ。こんな所でこんな時間に人が通るか？　あとメイドってのはホテルの名前じゃねえ！　よく考えろ！」

「え、違うんスか？」

「冥土って言えばあの世のことだろ。メイツじゃねえよ馬鹿！」

「えー、俺、変なこと言っちゃったなぁ。あの人に悪いことしたなぁ。先輩、まだ多分少し歩いたところにいると思いますから、確認してもらっていいっスか？」

　杉下さんは車を出した。しかし、田舎の一本道をゆっくり走らせても、その男性の姿はついぞ見つけられなかった。

　その間中、後輩は、悪いことしちゃったなぁと何度もぼやくように繰り返していた。

豊島郵便局前交差点

杉下さんは年に数回、地方から都内に出張で出てくることがある。そのたびに会社が取ってくれるのは、池袋にある大きな商業施設に併設されたホテルだ。

一日中座り仕事をしていると、どうしても運動不足になる。そこで滞在中には朝か夕方のいずれかに、彼女はその商業施設の周りをランニングすることにしている。

その日の夕方も歩道を走っていると、施設のバスターミナルを通り過ぎたところで信号に引っかかった。大きな郵便局が交差点の向こうに見えた。

待っていると信号が青に変わった。走り出そうとしたが足が動かない。視線を下に向けると、灰色の手が黄色い点字ブロックから生えて、足首をがっちりと掴んでいた。

杉下さんは振り解こうともがいてみたが、手は足首を掴んだまま離れない。ついにはその場にへたりこんでしまった。

歩行者信号が点滅を始めた。交差点の向こうから、郵便局員の制服を着た男女が杉下さんのほうに駆け寄ってきた。

「あ、いや、大丈夫です。すぐ立てると思いますので」

足首を掴んでいるこの手が、他の人に見える訳でもないだろう。きっと自分が立ちくらみか何かを起こしたのだと思われたに違いない。

気恥ずかしかった。

しかし郵便局員は言った。

「大丈夫ですか。この交差点は、あなたみたいに足を掴まれて転ぶ人が多くって」

スクランブル交差点

外国人の人気観光スポットにもなっているスクランブル交差点といえば、とあるターミナル駅前の交差点である。一説によれば、一回の青信号で三千人近くの人が渡るという。

小池さんは、駅側からその交差点を渡り始めた。雑踏の中を他の歩行者にぶつからないようにすり抜けていく。だが、そのときに前から人が現れた。避けようとしたが相手は避けなかった。ぶつかると思った瞬間、その人をすり抜けた。

頭痛がするような耳鳴りが聞こえ、直後に一切の音が消えた。耳が痛くなるような静寂。

同時にスクランブル交差点を埋めていた人影が全て消えた。

物音がしない。信号も全て消えている。一瞬にして街がゴーストタウンになった。店舗もライトが落ちている。巨大な電光掲示板や、大型ビジョンも真っ暗である。

どこにも人がいない。

怖い。

小池さんは説明の付かない恐怖を感じ、元来た駅の方向に走り出した。

途中で音が戻ってきた。直後世界が反転したかのように、彼は雑踏に揉まれていた。

膝カックン

杉下さんという四十代の女性が池袋で遭った体験である。

彼女は車通りの多い道を渡ろうと信号待ちをしていた。片手に白いレジ袋を提げている。昼食の後で書店に寄った帰りなのである。

唐突に膝の裏をグッと押された。所謂膝カックンといういたずらを受けたような感触に、思わず振り返った。しかし周囲には誰もいない。

今のは何だったのかと怪訝に思いながら、信号を待ち続けた。内心ではこの交差点から別の場所に移動しようかとも思ったが、そうするとオフィスまでは相当な遠回りになる。

どうしようかと思い悩んでいると、再度膝の裏を強く押されて、今度は転びそうになった。もし転んだならば、車道に転げ落ちて、最悪の場合交通事故で無事には済まない。イタズラにしては悪質だ。

確認してもやはり周囲には誰もいない。

歩行者信号が青に変わった。一歩を踏み出そうとしたときに、やはり膝の裏を強く押され、彼女は頭から道に転がりそうになった。

「てめぇ！」

振り返りざまにレジ袋で空中を薙《な》ぎ払うと、袋の底に何かが当たった感触が伝わった。その瞬間、半透明の人型をしたグレーの影が見えた。その影の頭部にレジ袋が直撃したらしい。

バランスを崩した杉下さんは、尻餅をついた。

グレーの影の口元は驚いたような形をしていた。

影は身じろぎもせずにそのまま消えてしまった。

影が消えた直後、それまで空中に留まっていたレジ袋が重力に引かれてすとんと落ちた。

起き上がった杉下さんが袋の中を確認すると、書店で買ったばかりのハンディ般若心経がズタズタに千切れていた。

雑踏

白昼の雑踏の中に、その男はいた。

一見すると初老のサラリーマン。灰色のスーツはくたびれ、中に来た白のワイシャツもまた、よれている。しっかり整えられているとはいえない白髪頭。

桃子さんがその男に注意を引いたのは、人混みの中、やたらめったに男が痰を吐いているからだった。

カーグガ、ガー、グルルー、ペッ。

喉から気色悪い音を出して、容易に目で追えるほどの大きい痰を吐く。それも、幾度となく連続でだ。

マナーがどうこうよりも、恐らく、この男はかなり頭の調子が悪いのだろう。

うわ……と思いながら暫く男を見ていた。

そして、気が付いたのは、あれだけ男が暴挙の限りを尽くしているというのに、周囲を歩く人々にさしたる影響を感じている様子がないことだった。

都会は冷たい、などとはよく言うが、痰や唾の類にはもう少し注意を払ったほうがいいのではないだろうか。

何にせよ、痰吐きをずっと見てて何かある訳もない。桃子さんは、目を逸らして目当ての百貨店に向かおうとした。

ガーーーーーーーーーグルルーーーーグチョギョーーーーギリギリーーーーー。

一際に気色の悪い、爆音で痰が切られる音に引かれ、改めて桃子さんは男に目を向けた。

ペッ！

瞬間、男の口から、ボーリング玉ほどの大きさの、ここまでいくと「痰」というには支障がありそうな、かといって、「球体の鼻水」と伝えていいものか、あるいは「大量の膿」とでもいうべきか、とにかくそんなものが飛び出した。

そして、「それ」は丁度男の横を通りがかっていたBボーイ風の若者の顔を包み込むように付着した。

しかし、普通なら警察沙汰にでもなりそうな事態が起こっているというのに、人混みに乱れは一切なく、あれよあれよという間に若者は「それ」を顔に着けたまま足早にどこかに去り、桃子さんは、もう二度と痰吐き男の姿を見つけることはできなかった。

詰まる

秋山さんは、医療器具を取り扱う会社の総務部に勤めている。

「アレルギー性鼻炎ですね。薬を出しますが、とても効き目が強いので用法を守ってください」

秋口のことだった。パソコンに向かって仕事中、突如右の鼻腔が詰まった。

こうなると鼻水が垂れて大変……ということはなく、右鼻腔だけに栓がしてあるかのように、空気が入ることも出ることもなくなった。

無理に鼻をかもうとしても、ただただ耳の奥が痛くなるばかりで、埒《らち》が明かない。

そのうち治るだろうと一週間は我慢をしたのだが、何一つ症状が快方に向かうことはなかった。病院で、〈鼻水が出る訳ではない。ひたすらに詰まっているだけだ〉と強く異常を訴えたが、鼻炎と診断された。処方された薬を飲んでみたところ、胃が痛み、屁が臭くなった。右鼻は詰まったままだ。

一カ月間薬を飲み続けた頃には、ストレスの限界を感じた。

眠りが浅くなり、飛んできたブーメランで鼻を削がれる夢や、化け物が自分の鼻を咥えようとしてくる夢、棒磁石を自ら鼻に入れ、ゴシゴシと穴の中をシゴく夢など、鼻に纏わる夢をよく見るようになっていた。

会社の同僚に「鼻詰まりが治らない」と話しても、「大変だな」としか応答はない。

しかし、たかが鼻詰まりなのだからそれもそうだ、と納得する心の余裕はもはや、ない。

この調子では恐らく手術でもしなければ治らないのだろう。

ずっしりと胸に沈む暗澹《あんたん》たる思いとともに電車を待っていたある日、派手な服を着た老婆に肩を叩かれた。

「はい……？」

「いいからいいから。これでチーンとやりなさい」

派手な老婆はそう言いながらポケットティッシュを差し出してきた。

自分は傍目にも鼻詰まりだと分かるレベルにいるのだろう。

せっかくの親切を無下にする訳にもいかない。

「ああ、すみませんね……。ありがとうございます。チー」

ーーン！　と鼻から異物が出た。

ああ、両鼻が通るとはここまで爽快なものなのか、という感想はさておき、右鼻からティッシュに放出されたのは赤子の拳ほどもある大きさの黒い丸石だった。

「あんた。誰かに恨まれたね」と言い残し、老婆は去っていった。

墓地

大阪在住の麻子さんは、友達と連れ立って電車で買い物に出かけた。

車窓の風景を眺めながら話をしていたら、急に背筋をぞくっとしたものが走った。窓の外から何か嫌な感じを受ける。その原因を探るべく窓から外をじっと見ていると、目の前に墓地が現れた。

道に転がる猫の死骸を目にしたときのような、見てはいけないものを目の当たりにした感覚。直視していられない。先ほどからの不快感はこの墓地から来ていたのだと悟った。

気が付くと列車の速度がいつの間にか落ちている。停まるか停まらないかという速度でのろのろと進んでいく。なかなか墓地を通り過ぎない。

そうこうしている間に、窓から染み込んでくる嫌な感じで車内が満たされていくように感じた。吐き気がこみ上げてくる。

車窓には延々と続く墓地が広がっている。古びた墓石が整然と並んでいる。しかし、大阪の街中に、地平線まで続くような墓地があるはずはないだろう。

目を離せないでいると、急に列車の速度が上がり、墓地を通り過ぎた。

様子がおかしいと思ったのか、友達が話しかけてきた。

「あんた何ぼさっとしとんねん」

「うん……さっきのお墓、気持ち悪かったね。あたしお墓が見えるちょっと前に、凄くゾッとしちゃってさぁ――」

「何いうとんの。墓なんかさっきからなかったで」

「え、広い墓地だよ。ずーっと向こうまで広がってたし、速度も遅くなってたから気持ち悪くて。そんなの見間違えるはずないよ」

「あんたねぇ、あたしこの路線で通ってるんやで。帰りにもう一回見てみぃや」

帰りも同じ路線に乗ったが、友人が主張する通り、車窓からの景色にそんな墓地はなかった。窓には民家の軒先が並んでいるばかりだった。

駅

河本さんが駅のホームにあるベンチに腰を掛け、電車を待っているときのことである。

同じく電車を待つ人々のざわめきに違和感を感じ、雑誌を読む顔を上げた。

「うわうわうわ……」

「いたよね。絶対にいたよね」

「出たー。見ちゃったよ……」

線路沿いに立つ七、八人の男女がそんなことを言いながら、どよめいている。電車が来ている訳でもないのだから、人身事故ということもないだろう。駅で見るには珍しい動物か何かが現れたのだろうか。

「首、なかったよね」

「血だらけじゃなかった？」

「あれじゃ、男なのか女なのかも分かんないじゃん」

ただごとではないらしい。到底関わりを持ちたくない言葉ばかりが飛び出している。河本さんはそう思っているはずなのに、何故か腰を上げてその群衆に交じり、一緒に線路を見た。

しかし、彼らが指を差したり、恐る恐る目線を投げかける先には、線路以外に何があるということもなかった。

かつがれてるのかな。そう思ってベンチにまた戻ろうとしたとき、〈頭部のない、確かに男か女かの判別に迷うほど身体が極端によじれたヒト〉が右手側にある階段を上がっていくのを見かけた。

これか、と思った。

図書館

天城さんは小さい頃に、自宅近くの図書館によく通っていた。

その図書館には子供専用の本が収蔵されている小部屋があり、児童用の図書室という扱いになっていた。その部屋は他の部屋とは両開きのドアで仕切られている。

ある日、いつものようにその部屋に入ると、中は真っ暗だった。光の差し込んでいた背後のドアも閉まり、視界は闇に包まれた。普段とは違う広大な空間に閉じ込められたような気がした。でも、このままじっとしていれば多分誰か来てくれるだろう。

待っていると、凄く遠くのほうで部屋に光が射し込んだ。ドアが開いたのだ。

天城さんは走り出した。ドアを通る際に、逆光でシルエットになった人影とすれ違った。

そこはいつもの図書館のいつもの児童用の図書室だった。暫くそこで本を読んだ。

帰ろうと思ったときに、またあの部屋を通るのかなと考えたが、帰りにドアを開けると、そこはいつも通りの大人向けの本が並ぶ通路だった。

他の人に図書館の真っ暗な部屋のことを訊ねても、皆そんな部屋のことは知らないと答えるばかりだった。

町田街道沿い

　ある夏のこと。町田街道沿いのコンビニでの話だという。

　駐車場で友人と立ち話をしていると、時折コンビニの入り口辺りからバチッという音が響いてくる。誘蛾灯に引っかかった羽虫が、電撃を受けて燃え尽きる音だ。

「さっきからうるさいな」

「夏だし虫だし、そんなこと言っても仕方ないだろ」

　神経質な奴だ。とはいえ、確かに先ほどからバチバチと騒がしい。

「さっきからやけに大きいのが飛んでるんだよな」

　その言葉にコンビニの入り口に視線を向けると、やけに大きな白いものがふらふらと飛んでいる。巨大な蛾か。それともコウモリか。しかし自分から発光しているような白い球体だ。それが駐車場内をうろうろしているのだ。

「あれ、でかいけどちょっと綺麗じゃない？」

　友人は、球体が光を受けて輝いて、それが綺麗なのだと言った。確かにそう見えなくもない。しかし、そうなるとあれの正体は何だろう。

明らかに虫という大きさではない。次第に誘蛾灯に近付いていくその球体は、誘蛾灯そのものと同じほどのサイズではないか。

目を凝らしてみると、光の中に人の横顔が見える。男の顔だった。

いや、待ってくれ。そうなると、飛んでいるあれは人間の頭部。つまり——生首か。

だが次の瞬間、ふわふわと空中を移動する生首は、蛾を追いかけて誘蛾灯に突っ込み、一際大きなバチッという音を立てて消えた。

そして二人のところまでタンパク質が燃える嫌な臭いが漂ってきた。

開店前

もう二十年以上前のことだ。田宮さんの家の近くにコンビニが開店することになった。

彼の住むマンションは、まだ整備途上の新興住宅地にある。当時、インフラとしても重要になってきていた二十四時間営業のコンビニの出店は、その地区でも歓迎されていた。

六月の中旬頃からマンションの郵便受けにもアルバイトの募集のチラシが入り、また開店セールの知らせも届いた。それによれば、七月一日が開店日だという。

コンビニ開店一週間前となる六月二十四日の夜のこと。田宮さんは終電まで掛かった残業を終え、やっとたどり着いた最寄り駅からとぼとぼと歩いていた。すると前方に煌々《こうこう》としたコンビニの光が見えた。

来週オープン予定の店だ。今は正に商品の搬入や棚出しをしているのだろうか。あと一週間。急ピッチで作業を続けているに違いない。そう思って店内を覗いてみると、商品は既に棚の上に綺麗に並べられており、入り口からすぐの所に買い物カゴまで置かれている。

あれあれ。これは一週間ほども早く開店することになったのかな。もしかしたら、今朝から開店していたのか。そう思った田宮さんは、コンビニに足を踏み入れた。

自動ドアの開いた後に、入店チャイムも鳴った。店舗内ではラジオ放送にも似た店内放送が流れている。店員の姿は見えないが、バックヤードで作業中か。レジに行ったときに声を掛ければいいだろう。

カゴに商品を入れてうろうろと店内を見て回る。まだそんなに遅い時間帯ではないのにお客が一人もいない。やはりまだこの街は人口が少ないのだ。あと十年すれば大分様変わりするよな、などと考え事をしながらレジにカゴを置く。

「すいませーん。レジお願いしますー！」

奥に向かって声を掛けると、バチンと天井のライトが消えた。

どうしたんだ？　急なことに目が暗闇に慣れない。目が慣れると、周囲の棚に商品が並んでいない。もぬけの殻だ。レジに置いたはずのカゴもない。どうしたというのだ。慌てて店外に出ようと自動ドアに近付いても開かない。どうしようどうしようと思っているうちに、自動ドアの前に赤色灯が停まった。見ればパトカーが三台停まっている。

警察に確保された田宮さんは、不法侵入で書類送検された。

事情聴取の際に、コンビニが開いていて、中に入ったら急にライトが消えて出られなくなったと繰り返すと、薬物の利用も疑われたのか尿検査まで受ける羽目になった。

不起訴にはなったが、これが彼の人生で唯一の不思議な出来事で、最大の汚点だという。

二十一世紀フォックス

「狐に化かされた」

二十一世紀においても、まだこの言葉を耳にする。

そんな話を。


前田さんは会社帰りに行きつけの居酒屋に立ち寄った。しかし、暖簾を潜りがらがらとガラス戸を開けると中は真っ暗だった。おかしい。外から見るにガラス戸は店内の明かりで白く光っていた。明らかにいつも通りの営業中の佇まいだったはずだ。とはいえ、暗いのだから、これはどうしようもない。その晩は踵《きびす》を返し、これまた行きつけのスナックで手を打った。


そして、翌日の夜。

件の居酒屋カウンターにて大将との会話。

「前田さん、昨日なんで帰っちゃったの？」

「何でも何も営業してなかったでしょ？」

「うちはやってたよ。前田さん、顔見せたと思ったらきょろきょろしてすぐ帰っちゃったじゃない」

「またフザけてぇ。そりゃ、帰るよ。俺が来たの九時頃だよ。そんときは暗かったでしょ?」

「ハナキンのそんな時間に暗くしてたら、店が潰れちゃうよぉ！　嘘じゃないって！」

これでは埒が明かない。すると、このやりとりを聞いていた常連が、

「狐にでも化かされたんじゃないのぉ」

と言った。

ゲリラ豪雨

田辺さんがまだ高校生の頃の話。彼はアルバイト先として近所のガソリンスタンドを選んだ。車は好きだったし、バイト代も悪くない。先輩も皆世話好き車好き仕事好きで、働くにはいい環境だった。

その夏は特にゲリラ豪雨が酷く、突然の雷雨が連日のように訪れた。屋根を激しく打つ雨の音が響く。


「最近ゲリラ豪雨多いなぁ。いつ止むんだろうなぁ」

先輩が天井を見上げた。空の上ではドンドンドンと激しい雷鳴が響いている。

「あのぉ。屋根の上のあれ、何ですか」

入ってきた客が田辺さんに声を掛けた。

何か異状でもあるのだろうか。バチバチと音を立てて降る雨の中、田辺さんは傘を片手に小走りで確認しに行った。見上げると、顔中髭だらけの男性が屋根に仁王立ちしている。

それは連なった太鼓を背中に背負っていた——どう見ても雷神である。

上半身をはだけているが、筋肉質な肌の色は濃い青である。腰から下半身を覆っている布はカーキ色だ。

それが両腕に握った撥《ばち》で、力強くドンドンドンと太鼓を鳴らすと、その音に誘われたように天空に稲妻が走る。雨がますます強くなる。

慌てて先輩の元に戻り、屋根で雷神が頑張っていると報告した。

先輩はこいつは何を言っているのかという顔をした。それでも首を傾げながら確認をしに行くと、小走りで戻ってきた。

「確かにあれはカミナリさんだわ。あんなのが屋根の上にいて雷を呼んでるとかって、ガソリンスタンドだとやばいんじゃないか？」

恐らくコスプレなどではないだろう。店員の目を逃れて屋根まで上る術はないのだ。それに、二メートルはあるという巨躯で、連太鼓を背負っている。只者であるはずがない。

「引火しないよなぁ。とりあえず店長に報告するかぁ」

二人はヒヤヒヤしながらアルバイトを続けた。気が付いたら雨は止んでいた。何度か道路にまで出て確認したが、雷神も姿を消していた。

「そんなことありっこないだろ」

外出から戻った店長は二人の報告に吹き出した。いや、本当ですってと先輩は食い下がったが、まるで信じてもらえない。当然だろう。

「そんじゃ、次ゲリラ豪雨になって、カミナリさん出たら、今度は店長が確認してくださいよ」

「あぁ。分かった分かった」

しかし翌日、また突然雨が降り始めると同時に雷鳴が轟き始めた。稲妻が空を横切っていく。

雨の中を道まで走っていき、ずぶ濡れになった先輩が店長を呼んだ。

「店長、上にいますから、確認してください」

面倒臭そうに店長は歩いていったが、空を仰いだ後、慌てて戻ってきた。

「何だあれ！　何だあれ！」

結局三人がカミナリさんを確認した。幸い火事などは起きなかったが、ガソリンスタンドはそれから二年と経たずに閉店になってしまい、今は居抜きで飲食店になっている。

歯科の話

ある歯科医院が、突如、閉院した。

最新の設備と丁寧な対応に評判は上々、予約が取り難いほど患者も多かった。

院長が家族と従業員の反対を押し切って、院を閉じた理由はこうだ。


ある日、初診の女性患者の口内を覗いた。

喉の粘膜にきゅうと包まれた状態で、小さな女の顔がそこにあった。

患者の女はガーゼに顔を隠され、静かに口を開けている。

しかし、喉の女は百面相を披露するかの如く、ひたすら口を縦、横、斜め、と歪ませ、目を見開いたり、舌をベロベロと出したりし、ときに唾をペッと吐き出すと、その唾が吸引ホースにズズッと音を立てて吸われた。

自分は疲れているのか、と思いつつ、目を擦っても一度目を逸らしても、その小さな女は消えなかった。

患者の奥歯に軽い虫歯を見つけた。

小さな女を無視して、麻酔を掛け、その歯を削った。
そして、こんなことが起こる仕事は、もう無理だと思った。

黒湯

ある年の冬、小林さんは怪談好きの仲間数人と旅館に泊まり込んで、百物語をしようと企画を立てた。冬の北陸で美味い物でも摘まみながらという気楽な集いに、参加者が意外なほど集まった。これなら一晩で百話達成できるかもしれない。

当日、宿の客はどうやら小林さん達一行だけのようだった。これも好都合だと皆喜んだ。夕飯は蟹三昧。皆で舌鼓を打って満足し、続いてまずは身体を清めようと風呂を浴びた。風呂は広くはなかったが、湯は悪くない。

準備が整い、部屋を暗くしての百物語が始まった。持ち回りで次々と怪異譚を話していく。明かりは天井の豆球のみ。話を重ねるうちに、次第に雰囲気が出てきた。夜七時から始めた会は、大ネタ小ネタを取り混ぜながら深夜に折り返し、明け方に九十八話を数えた。

ここで小林さんが、「今回は百話やれそうだけど、どうする?」と皆の顔を見回した。やろう、という者と、やめておこう、という二手に分かれた。

「それじゃあ、今回は九十九話で止めておこう」

小林さんは宣言した。別にコアな怪談好きばかりが集まった訳ではない。怪異に遭うのも目的ではない。ここは一つ安全なほうに振っておくに限る。

九十九話目は僕が話そうと、小林さんは長めの大ネタを披露した。語り終えた頃には夜が白み、民宿の主人も起き出し、朝食の準備を始めていると思われる音が響いていた。

終わった。全員がふうと深い溜め息をついた。誰ともなく「一晩で百話できるもんなんだな」と言った。なかなかの達成感だった。

朝食の前に身を清めよう。朝風呂を浴びることにした。順番に風呂に入っては、感想や物語の解釈などを言い合った。会は大成功。小林さんも大満足だった。

朝食の最中も昨晩の感想大会は終わらなかったが、そこに民宿の主人から「幹事さん、いらっしゃいますか?」と声が掛かった。

小林さんが応えると、「ちょっといいですか?」と手招きをする。何だろうと思いながら主人の後をついていくと、風呂場だった。

「これ、ちょっと見てください」と、主人は困った顔で言った。何だろうと湯船を覗き込むと、墨汁でも張ったような真っ黒な湯が溜まっていた。

「お客さんしかおられんので、ちょっとお訊ねしますがね。何かされましたか?」

主人が言った。

「いや、心当たりないですねえ」

小林さんは答えた。

確かに最後に風呂を上がったときには普通の透明のお湯だった。

その年以来、仲間内から何度か、また旅館を取って百物語をやろうと誘われてはいるが、小林さんは幹事を引き受けるつもりはないという。

赤ちゃん

熊本に出張に行ったケンジさんから聞いた話。

仕事も全てつつがなく終えた出張最終日、彼はホテルの五階に部屋を取っていた。

その部屋の窓の外には、狭いテラスがある。眼下には黒く水をたたえた川が流れており、その脇は遊歩道が走っている。

もう時刻は零時を回っていた。ケンジさんは窓を開けて空気を入れた。

テラスに向かって身を乗り出すと、風がひんやりして気持ちが良い。

川のほうに視線を落とすと、遊歩道の街灯の下を真っ赤なワンピースを着た女性が乳母車を押しながら歩いてくる。

こんな時間に乳母車を押しているなんて珍しいな。

ケンジさんの窓からその女性までは、顔が分からない程度には離れている。だが、その女性は不意に立ち止まった。そして顔を上げてこちらを見た。

相変わらず顔は見えない。しかし、目が合ったような気がした。

あ、これはまずい。ケンジさんは窓を閉じるとカーテンを引いた。

——今の女、気持ち悪かったな。

明日は朝から東京に戻らねばならない。荷物をチェックするかと思ったそのときに、部屋のドアをノックされた。

こんな時間に誰だ。

再びノックの音が響く。

「タカシ、赤ちゃん見て」

廊下から女性の声が響いた。

自分はケンジだ。タカシって誰だ。

コンコン

「タカシ、赤ちゃん！」

声を張り上げている。

ケンジさんは恐る恐るドアのほうへと近付いていき、気取られないようにしてドアスコープから確認した。

しかし、真っ暗で何も見えない。

これは何だろう？　そう思ってもう一度覗き込むと、すっと明るくなった。見えたのは女の顔だ。

ケンジさんがドアスコープから見ていたのは、女の瞳孔だった。

赤い服を着て、半分壊れかけの赤ん坊の人形を抱きかかえた女性がこちらを見ている。

ドアの向こうに目的の人物がいると確信した様子だった。

「タカシ、赤ちゃん！」

ドアスコープに赤ん坊の人形を押し付けてきた。

「うわぁっ」

思わず声を上げてしまった。

「タカシ、そこにいるのね？　タカシ、赤ちゃん。私の赤ちゃん！」

ダメだ。これはフロントに連絡しなきゃ。

ドアの前を離れ、ベッドの枕元にある電話の受話器を取った。

受話器を耳に押し当て、フロントの呼び出し番号をプッシュしようとした。

そのとき、先ほどの女の声が、受話器から聞こえた。

「見て、私とあなたの赤ちゃん！　生まれたの！　見て！」

記憶はそこで途切れている。

気が付くと、ケンジさんは受話器を握りしめたまま、ベッドの脇で横になっていた。

見上げてはいけない

那智さんは小学四年生の夏に、家族旅行で山あいの施設に宿泊することになった。彼女は高原のペンションを期待していたが、到着したのは古民家を改造した民宿だった。チェックインを済ませて二階の部屋に通された。綺麗に整備され、掃除も行き届いているが、勘の鋭い彼女は、その時点から、ちょっと変な感じがすると気付いていた。

昼間は兄と一緒に民宿の周りの林を散策したり、松ぼっくりで遊んだりして、楽しく時を過ごした。しかし夜になって夕食も終えると、家族は那智さん以外皆早くに寝付いてしまった。

一方、那智さんは早く寝なくてはと思っても、目が冴える一方だった。そこに更に尿意が襲ってきた。トイレは宿の一階にしかない。部屋を出て暗い廊下と階段を下りていくには勇気が試される。

数分後には彼女の尿意は限界を迎えた。仕方なく勇気を振り絞ってトイレに行くことにした。廊下はぼんやりと暗かったが非常灯の緑のライトで進む方向は分かった。

転ばないように注意深く階段を下りていくと、宿のロビーに当たる広間に、着物姿の老婆が座っている。その身体は不思議とぼんやり光って見えた。

「トイレに行くのね。急いで行ってらっしゃい」

老婆の優しい声に、緊張がほぐれた。微笑みを見せて通り過ぎようとすると、背中から声を掛けられた。

「そうそう。部屋まで戻るときなんだけど、あなた。絶対に廊下の天井を見てはダメよ」

だが那智さんにはその言葉をよく考える余裕はなかった。トイレに駆け込んだ彼女は、辛うじて間に合ったことに安堵した。

トイレを済ませてロビーに出ると、先ほどの老婆はもういなかった。ああ、おばあちゃんもう寝ちゃったんだな、と思った。

帰りの廊下は、先ほどと打って変わって暗いことに気が付いた。ちょっと歩けば幾つかの部屋の横を通過し、すぐに家族の寝ているはずの部屋までたどり着くはずなのに、何故か真っ暗な廊下が続くばかりである。

廊下の上を見てはダメ。おばあちゃん、そんなこと言ってたな。確かにここの廊下は梁《はり》が剥き出しで、ちょっと怖かったっけ――。

とぼとぼと歩いていくと、天井から那智さんの足元に向かって何かが降ってきた。

驚きに鼓動が早くなる。落ちてきたのは白いロープだった。

何でこんなものが。そう思ってロープを辿って視線を上へと向けていく。すると、剥き出しの梁にもたれかかるようにしている黒い人影が目に入った。

あ。いけない。うっかり天井を見てしまった。そう気付くと同時に、彼女は言いようのない恐怖を感じて駆け出した。まっすぐ走っていけば、部屋に着くはずだ。

しかし、通過するときに引っかかったのか、いつの間にかロープが首に絡んでいた。全力疾走は妨害され、ロープで喉が締め付けられた。予想外の衝撃に咳き込んでいると、ぎゅっと自分の首が絞められるのを感じた。次第にロープが上へ上へと引き上げられる。

凄い力で身体が吊られていく。つま先で立っているのも、もう限界だ。

そのとき、ほんの少しだけロープが緩んだ。その隙を逃すものかと、那智さんは両手でロープを掴んで思い切り輪を広げた。辛うじて頭が通った。それから先は覚えていない。

朝起きて、パジャマから着替えようとすると、母親に首に痣ができていると指摘された。

そこで彼女は昨晩起きたことを両親に説明した。

娘の話を半信半疑で聞いていた親も、痣を見せられては気にしない訳にもいかない。朝、宿の御主人に老婆のことを訊いてくれた。しかし、那智さんの会ったおばあさんは、もう何年も前に亡くなっているとの返事だった。

便意ドン！

川島が、駅の個室トイレのドアを閉めると、

「痛てっ」

と近くで声がした。

見るとドアに外から差し込まれた一本の腕が挟っていて、手を握ったり開いたりしている。これはいけないと慌ててドアを開けようと鍵を開けようとした。とりあえず、鍵が掛かるほどしっかりドアが閉まっていることはさておき、である。

開けると外には誰にもいなかった。

よく検《あらた》めるために個室から外に出ると、背後でさっきまで入っていた個室のドアが勢いよく閉まり、鍵が掛かる音がした。

便意を忘れて川島はそこから逃げた。

廃墟のトイレ

館さんがまだ高校生の頃である。男女合わせて七人で、とある廃屋に忍び込んだ。入り込んでみると、廃屋特有のカビ臭さや埃臭さがあるが、まだ生活感が感じられる。

中を一回りして、おおよそ見るべきものは見たし、そろそろ帰ろうかというときに、荒木という男が言い出した。

「あのさ、俺緊張していたからトイレ行きたい。トイレどこにあんの」

確かに先ほどの探索でトイレの位置は分かっている。しかし友達の家にでも来たような感覚でいるのだろうか。

「この家の中のトイレに行くのか？　やめとけよ。外でしろよ」

「外で立ちションするより、トイレでするほうが良いだろ。俺は行儀悪いの嫌なんだよ」

どちらが行儀が悪いかは議論の余地はあるが、どうも荒木は限界のようだった。そそくさとトイレのドアを開けると、洋便器の前に立った。

「行くべ行くべ」

音なぞ聞きたくもない。女子達もキャーキャー言いながら先を急いだ。

「荒木まだ小便終わんねぇのかよ」

先ほどからもう五分は経っている。そこで館さんが様子を見に行くことになった。

開け放たれたトイレの中では、荒木が先ほどと同じように背中を見せて立っていた。

だが、便器のほうから伸びた白く長い腕が、荒木の腰を抱きしめるように絡みついている。

「おい、荒木」

微動だにしない。

「何やってんだよ。お前の腰のそれ、何だ？」

近付いていくと、腕が消えた。

「何覗いてんだよ！」

その途端に荒木がこちらを振り返って怒鳴り声を上げた。

「お前こそ、こっちが凄ぇでかい声で呼んでるのに、何してんだよ」

トイレから出た荒木は館さんとともに他の面子と合流した。

遅い、何やってたんだと口々に責める周囲の声に、荒木は言った。

「俺、あそこで全然動けなかったんだよ」

その口調から、館さんは荒木が何か恐ろしいものを本能的に感じていたのだなと気が付いたという。

NO性懲り

伊藤さんは決してオカルトマニアではないのだが、幽霊を見てみたいといつも思っていた。何となく縁もゆかりもない墓場をぶらついてみたり、安全に車で行けそうな距離の心霊スポットを夜中に散策してみたり、気が向くとそんなことをする。

夏のその日は、海まで足を伸ばして〈名所〉に赴いた。

ネットで調べた通り、崖にそれらしき場所があった。ああ、ここか、と車を降り、ガードレールを跨ぎ、より〈名所〉に近付こうとすると、姿の見えない複数名に両腕と両肩を掴まれ、背中をぐんぐん押された。

「おいおいおい！　やめろやめろ！」

足を突っ張り、そう声を上げたものの伝わっていないらしく、押されるままに〈名所〉に誘われてしまう。

やばい、このままでは落とされる。

深く息を吸い込み、ふんっと腕を振ると何とか火事場の力が働いたのか、パッと身体が楽になった。

走って車に戻り、荒い息のまま帰路を急いだ。
大変な目にあった。
そう思いつつも、姿を見ることができなかったことを悔やんでいる自分が、まだいた。

営業魂

関西に住む主婦の香さんから聞いた話である。

昼下がりに家事をしていると、チャイムが鳴った。

「はーい。少々お待ちくださーい」

門のほうに声を掛け、急いで玄関の引き戸を開けた。しかし誰もいない。

どうしたのかしら。今チャイムが鳴ったばかりなのに。そう思って周囲を見回すと、引き戸の格子に一枚の名刺が挟まれていた。表書きを確認すると「田中ひろし」と書かれている。浄水器販売会社の営業らしい。それを引き抜き、首を傾げながら家に入った。

翌日も家事をしているとチャイムが鳴った。扉には昨日と同じ名刺が挟まれている。昨日と同様にチャイムを鳴らした当人の姿は周囲にはない。

二日連続である。小学生のいたずらかもしれない。しかし、門の中にまで入ってきて引き戸に名刺を挟むようないたずらをするだろうか。

チャイムは翌日も鳴った。確認すると同じ名刺が刺さっている。三日連続である。

香さんは一言会社に文句を言ってやろうと、名刺に書かれた電話番号に連絡をした。

電話口では、ここ数日営業マンがチャイムを鳴らすが、本人の姿がないと告げた。

すぐに別の男性に電話が変わった。

香さんは電話口で用件を繰り返した。こちらには名刺があると語気を荒らげた。

「名刺にある名前をお願いできますか」

役職とともに名前を読み上げる。電話口の男性は一呼吸置いて言った。

「実は、大変お伝えしづらいことなのですが、うちの会社に田中は在席しておりません」

「名刺が入っていたのですよ。いないってことはないでしょう」

電話口で男性が迷っている様子が窺えた。

「実は田中は先日、セールスの外回り中に交通事故で亡くなっているんですよ」

「でも、お宅の会社でしょ？」

「信じていただくしかないんです」

納得できないが、それ以上言っても平行線だと察し、香さんは電話を切った。

腹が収まらなかったので、近所の主婦達の集う井戸端会議の場で、話を聞いてもらうことにした。変なことがあってねと口火を切ると、同じことを体験した人が次々に現れた。

浄水器の会社で社員の名前は田中と、そこまで共通していた。

香さんはそれ以来、在宅中にチャイムが鳴っても出ないようにしている。

蚊柱

初夏の夕方のことだった。田代さんは学校からの帰り道に、堤防の道を自転車で走っていた。

しかし、走り始めてすぐに後悔した。至るところに蚊柱が立っているのだ。羽虫は夕日を受けて黄金がかったグレーに輝きながら飛び交っている。その中に一つ真っ黒な蚊柱があった。

嫌だなとは思ったが、道の真ん中を覆うように広がっている。田代さんは避けることもできずに、自転車ごと蚊柱に突っ込んだ。

その瞬間、悪意というべきか、負の感情というべきか、殴り書きの言葉の束が一気に身体の中に叩きつけられたように感じた。

どす黒い悪意のペンキで濡れた雑巾を、四方八方から投げつけられたようだった。それが全身を覆った。

何人もの大声によって自分の存在を否定されるような感覚。蚊柱を抜けたところで最初に思ったのは死にたいということだった。

自転車のペダルを漕ぐことができない。身体のバランスを取ることができない。ハンドルを握ることもできなかった。

かろうじて自転車に跨ったまま数メートル進んだが、バランスを崩して縁石に乗り上げ、空中に放り出された。

「おいお兄ちゃん、大丈夫か！」

年配の男性が駆け寄ってきたが、心に浮かんだのは、余計なことをするなよ、という思いだった。

これでやっと死ねるのに。これでずっと苦しかった人生にもおさらばだ。さようならさようなら。

そこで意識が途切れた。

気が付いたときには病院だった。転倒した際に、脳震盪《しんとう》を起こしたのだろうという話だった。右手首も捻挫しており、包帯が巻かれていた。

ただ、ありがたいことに、蚊柱を抜けた瞬間のあのマイナスの思考、憂鬱な気分、全身の倦怠《けんたい》感はすっかり抜けていた。

あれは何だったのだろうと思うと同時に、今となってはあの蚊柱が本当にただの蚊柱だったかどうかすら疑っている。

種明かし

前園さんが転勤先で決めた2LDKのアパートでは、入居初日から頻繁にこんなことがあった。

夜中に目が覚める。身体は動かない。

どういう訳か窓のない地下室にいるかの如く部屋の中が暗い。その深い暗がりの中を何かが漂っている。目を凝らしても、それが何かは分からない。どうしようもできないまま、また眠りに落ちる。

アパートに遊びに来た地元の友人は「男の子がいる」。

飲み会の後、部屋に訪れた同僚は「女の子がいる」。

当時付き合っていた彼女は「夫婦がいる」。

部屋に泊まった者は漏れなく、いないはずの誰かを見たことを報告するが、その内訳はバラバラだ。

共通するのは自分と同じく、目が覚め、金縛りに遭うくだりばかりだ。

そうこうするうちに、誰一人部屋に泊まりに来ることはなくなった。前園さんはと言えば、金縛りにひたすら我慢する他はない。

そして前園さんは再びの転勤まで二年を待つこととなった。

「あんた、引っ越すのかい」

引っ越し業者のトラック運転手と話をしていると、近所に住む年配の男が話しかけてきた。

「ええ。次の勤め先がまた遠くて」

「ああ。そういうことかい。てっきりお化けでも出たのかと思ったよ」

「いや。まあ。その……。それが原因で引っ越す訳でも……」

世間話なのだから、適当に話を合わせておけば良かったのだが、〈おばけ〉と言われ、妙にもごもごと口ごもってしまった。

「ま、引っ越して正解だよ。ここ、一家心中があったからなあ……」

男は事もなげにそう言って、ニタニタ笑った。

ダンスダンスダンス

都内に住むブラジル人のアンドレアさんから聞いた話である。

彼が新たに借りようとしていたワンルームマンションの家賃は、管理費込みで五万円だった。その値段で契約をしようと考えていると、同じマンションで家賃が一万円安い部屋のチラシが目に入った。

何か変な物件なのかと訊ねると、不動産屋は困った顔をした。

「そうですね。ちょっと問題がありまして、借り手がすぐいなくなってしまうんですよ。だからこんな値段なんですね」

そして他の部屋にしておいたほうが良いですよと言った。

しかしアンドレアさんは不動産屋が止めるのも気にせず、安いほうの部屋を契約した。

彼は過去の長い人生で、様々な「困った」物件を借りて住んでいた。得体の知れない物音がする物件。変な気配がする物件。黒い影が歩き回る物件。寝ている間に金縛りに遭うという物件。過去に様々な「不具合」のある部屋に入居したが、今までどんな部屋でも問題はなかった。彼の特技は寝ることである。一度寝たら朝まで起きない。

だから大丈夫。今回もそう思っていた。

しかし彼は初日の深夜に叩き起こされた。

ノリのいい「ヘイ！　ヘイ！」という声が部屋に響いた。眠い目を擦りながら目を開けると、部屋に水玉のようにミラーボールの反射光が煌《きら》めき、部屋の中央には褐色のドレッドヘアをした派手な服装の男性が立っていた。

彼は大声で何かを歌いながら踊り始めたが、内容が聞き取れない。しかも声が耳障りだ。

曲の途中では足を派手に使ったブレイクダンスのような踊りを舞う。

振り回す足が、部屋の壁やアンドレアさんの寝ているベッドをすり抜ける。

耐えかねて、布団をかぶって目を閉じて寝ようとした。しかし目が冴えて寝られない。

あれだけ寝ることに自信を持っていた彼のプライドが踏みにじられた格好である。

部屋は少しすると静かになった。終わったのかなと思っていると、男は今度は衣装を変えて現れた。気持ちよさそうに大声でがなりながら再び激しく踊り始める。

男は小一時間ほど部屋の中でダンスを続け、最後は決めポーズとともに消えていった。

このドレッドヘアの男は毎晩現れた。幾ら不具合があっても問題ないと豪語していたアンドレアさんも、流石にその部屋を出ることにした。

不動産屋に相談に行くと、やっぱりですかと深く溜め息を吐かれたという。

限界の声

都内に住む柴田さんが今も住む部屋で体験した話である。

その部屋を借り始めてから暫くすると、夜な夜な轟く大絶叫に起こされるようになった。

就寝しようとして布団に入っていると、ドアポストがカタリと開く音がする。その直後に、そこから部屋の中に向かって大絶叫を上げる者がいるのだ。

それは毎晩続いた。

「警察にも連絡したほうがいいかな、とも思ったんだけどさ、その前に自分でこの嫌がらせをしてくる奴を捕まえようと思って。毎度ドアを開けて飛び出したんだけど、逃げ足が普通じゃなくてさ。どうも相手は人間じゃないみたいなんだ」

柴田さんの言によると、叫び声を上げた直後にドアを開けたりもしたが、その後ろ姿すら確認できないのだという。

あまつさえ、そのドアを閉めた直後に、またポストが開いて絶叫を再開する。だが、何度確認しても、ドアの外には誰もいないのだ。

明らかに人間技ではない。

これが毎晩続くと、寝不足で参ってしまう。そこで、柴田さんは強力な耳栓を購入することにした。

通信販売で最強をうたう耳栓を幾つか購入し、最終的には耳栓をした上にイヤーマフを着けて寝ることにした。これなら絶叫も聞こえない。

耳栓を着けて寝るようになって一カ月ほどが過ぎた。

最近はどんな様子かと興味もあったので、その夜は耳栓を着けずに寝ることにした。するとひと月前とは様子が違っている。

ポストを開けて部屋の中に向かって声を出すのは同じだが、その声が嗄《か》れている。殆ど声らしい声も出ていない。

「そんでしばらく、アーだかウーだか嗄れた声で叫んでたと思ったらさ、最後はゴホゴホって咳き込んで、それから来なくなったんだよね」

うるさい奴が来たら耳栓して無視すればいいのよ。柴田さんはそう言って、大きな声で笑った。

引っ越す理由

永田さんの家のすぐ目の前にある公園には、野球もできるグラウンドがあり、日中散歩をするにも丁度良い広さだという。一周するのに三十分ほどは掛かり、四季折々の植物を楽しむこともできる。永田さんもこの公園があるから、そこに居を構えたといって良い。昼間はそんな気持ちの良い公園なのだが、ここ五年ほどの間に、悪い噂が立つようになった。夜になると幽霊が出るというのだ。

夜に散歩してると黒い影が横切るだの、白い影がトイレ脇に佇んでいるだの、赤い影が付いてくるだの、とりとめもない噂なのだが、実際に遭遇した人も少なからずいるらしい。あるとき、永田さんは友人の横山さんに、家を売ってマンションに引っ越すのだと打ち明けた。

「ほら、夫が亡くなってから、私一人でしょう。この家の世話をするのも大変だし、小さなマンションを買って引き籠もろうと思うのよ」

横山さんが場所を聞くと、交通の便が悪い土地で、病院などに出るにはバスを乗り継がねばならない。どうしてそんな場所にしたのかと話を聞いているうちに、永田さんは泣きそうな顔になった。

「だってね、この家の玄関に、公園から知らない人が入ってくるんですよ。私、もう怖くて怖くて、もう一日だってこの家で過ごしたくないの」

詳しく訊くと、公園に幽霊が出るという噂が立ってから、毎週のように誰かしら永田さんの家に見知らぬ他人が迷い込んでくるのだという。ドアに厳重に鍵を掛けていてもお構いなしなのだそうだ。

迷い込んでくるのは老若男女関係ない。時刻もまちまちだ。ただ、永田さんの目にも、亡くなった人だということは分かる。

何年も我慢してきたが、もう怖くて耐えられない。だから夫との思い出の詰まったこの家を引き払ってでも、この場所から離れたい。

永田さんはそう言って、ぽろぽろと涙を零した。

庭男

ブラインドカーテンを開けると、そこに中年男性が立っている。黒のポロシャツを着た短髪のその人は、特にこれといった表情もなくただ「気を付け」の姿勢で立っている。中肉中背、というには少し背が低い。立っているのは、我が家の庭だ。

誰なのかは分からない。とにかく、一階のブラインドカーテンを開けると、そこにいて、こちらがその姿を確認すると、瞬く間に消えている。

こちとら、男がいるからといって、何かを思うこともない。

ダム

清丸さんは、若い頃にダムの制御プログラムの作成のために駆り出された。

それは拉致といってもいいものだった。殆ど説明もされずに車に押し込められ、同乗する上司から説明を受けたのは高速に乗って暫く経ってからだった。

「実は、ダムのプログラムを組んでいた奴が逃げちゃって。スケジュールがぎりぎりだから、無理を承知でお願いします」

面接でダム制御のプログラムを書いたことがあると告げたのがこれに繋がったらしい。

中部地方の山中に向かって車は進んでいく。到着した水道施設の管理棟の前で車は停まった。そのまま仕事場に案内された。

当時はまだ十六ビットの国産パソコンが主流だった。その端末が一台据えられている。

上司がその端末の電源ボタンを押した。ピポッという電子音が鳴った。

起動の最中に上司が口を開いた。

「資料はそこに全部あります。あと警備員に言ってくれれば、欲しいものは大体届けてくれます。ただ、夜になると皆、帰っちゃうんで、欲しいものは午前中に伝えること。午後に頼んだものは翌日届く。食事は昼夜は弁当を手配してある。朝は食べたいものを伝えてくれれば良いです」

寝るときにはそれを使ってくださいと、上司は寝袋と畳まれたマットを指差した。

「では完成したら連絡ください」

それだけ言い残して、上司は山を下りてしまった。

こんな無茶な話はあるか。最初は怒りで我を忘れそうになっていたが、結局やらない限り帰ることはできないのだ。

清丸さんは諦めて仕事に取りかかることにした。

上司が言った通り、陽が暮れると職員は全員山を下り、日付の変わる頃には警備員まで帰ってしまった。

誰もこんな山奥まで来る用事はないのだ。

夜型の清丸さんは、昼間に仮眠を取り、夜は一晩中プログラムを組んでいくというスタイルである。

初日、日付が変わる頃に部屋のドアのノブがガチャガチャと回された。集中を邪魔された清丸さんは、不機嫌な顔をしてドアを開けた。しかし、ドアの前には誰もいない。左右を見ても廊下には人影もない。

あ。皆が帰る理由はこれか。

納得した。

「それから何日かして、職員の方に訊いたんですよ。皆さんお化けが出るから帰るんですかって」

職員はバツが悪そうな顔をしていたが、皆口々にそうだそうだと頷いた。

二カ月の間、そんな環境にカンヅメにされた清丸さんだったが、深夜のノブ回しは、律儀に毎晩続いたという。

「あとね。この間確認したら、そのダムは、三十年前に俺が組んだプログラムでまだ動いてたんだよね。俺、作ってから一回もメンテしてないけど、大丈夫なんだろうか」

香川県Mキャンプ場

譲二さんは若い頃、よくバイクに荷物一式を積んでツーリングに出かけた。

そのときは四国一周のために関東からバイクを走らせ、瀬戸大橋を渡った。

夜はキャンプ場に場所を借り、テントを張ってのソロキャンプ。薪で湯を沸かし、珈琲を淹れる。優雅なようであっても、主食はカップ麺だ。

ある夜、Mキャンプ場に泊まることになった。よく整備の行き届いた気持ちのいいキャンプ場だったが、一つ困ったことがあった。夜にテントの中で寛いでいると、周囲を足音がぐるぐる歩くのである。もちろん確認してもそんな人が周囲にいるはずもない。

気にしないように無理やり寝たが、足音は一晩中続き、翌日は酷い寝不足だった。

この話を別の機会にバイク仲間に話したところ、「甘い。高知はもっと凄い」と断じられた。何が凄いのかと訊くと、その人が宿泊した高知のキャンプ場では、何人もの足音が一晩中ぐるぐるとテントの周りを歩き続けたのだという。

「盆踊りじゃねぇんだぞって思ったけど、だからといって怒鳴る勇気もないしねぇ」

とりあえず、四国ではテントの周りをぐるぐる回るというのは共通しているらしい。

ポージング

山崎さんはマンションのエレベータホールでゴンドラが上がってくるのを待っていた。二基あるエレベータは両方とも一階に下りていた。なかなか上がってこない。

その間に彼は暗いエレベータ抗のガラスに向かってボディビルのポージングを取ってみた。普段からボディビルを趣味にしている訳ではない。ただの気まぐれだ。

フロントダブルバイセップス。ガッツポーズのように肩まで上げた両方の腕を、力こぶを作るように曲げる力強いポーズだ。

そのとき、エレベータのドアの窓に映った影が不自然だと気付いた。

腕も首も胴回りも太過ぎる。首など頭よりも太いのではないか。山崎さんはどちらかといえば細身の体形である。影は明らかに自分のものではない。だがそれは山崎さんの憧れるマッチョ体形のそれなのだ。

試しに動いてみると、影の動きが一瞬遅れる。そこで彼は様々なポーズを取ってみることにした。

ダブルバイセップスからのサイドチェスト。サイドチェストからのフロントラットスプレッド。

やはりポーズを変えるたびに、少しだけタイムラグが発生する。

「これ、誰の影だろう」

そう考えながらも上気しながら次々にポーズを変えていると、山崎さんの目の前のエレベータの扉が開いた。

それ以降山崎さんは毎日のようにエレベータの前でポーズを取るようになった。

しかし、あのときのようにマッチョな影が現れることはない。

ある日、夢中でポーズを取っていると、到着したエレベータの中から親子連れが現れた。

ポーズを取る山崎さんは、自分の姿をまじまじと見つめられて真っ赤になってしまった。

だがそんな経験をしても、まだエレベータ前でポーズを決める癖はやめられないのだという。

ベータ

柿崎が勤める商社の本社は五階建ての、いかにも耐震に自信がなさそうな古い建物だった。

入社した頃から「エレベータで、子供の声がする」という噂はあった。

何でも、残業で遅くなった後、一人でエレベータに乗ると声が聞こえるのだそうだ。

柿崎は何度となく残業後にエレベータを一人で利用しているが、一度もその声を聞いたことがない。

そもそも、昼間からそのオンボロエレベータはキイキイと高音を立てて軋んでおり、それはいかにも子供の声と聞き間違えそうな具合だったのだ。

くだらない。心に留めるべき話ではない。

そう思っていた。

だが今、柿崎は考えを改めるより他にない。

声はなかった。

ただ、いつの間にか男女二人の子供が後ろに立っている。

いつもより
エレベータ
が下がる
スピードが
遅く感じる。
早く
ここから
出たい。

上からくるぞ

現在そのタワーマンションは、最上階に誰も住んでいない。

鈴木さんは最上階の一つ下の二十八階に住んでいる。

奇妙なことに、エレベータは鈴木さんの住む階までしか上がらないように設定されている。最上階に行くには二十八階までエレベータで上った後に、わざわざ階段を使わねばならない。二十九階のボタンを押しても反応しないのだ。

あるとき、マンションの会合で、何故この棟のエレベータが最上階の一つ下の階までしか上がらないのかという話が出た。

「ああ、それですか。今は最上階には誰も入居していませんし、不自由する人もいないから、別に良いんじゃないですか」

マンションの理事長を務める久保田さんがそう答えた。多くの人も最上階にまで上がったこともないし、気にしたこともなかったようだった。

だが、気になった鈴木さんは、別の機会にも久保田さんに対して同じ話を振った。

「ああ、確かに鈴木さんのお宅は二十八階ですものね。それじゃ気になるわ。ではちょっと上がってみますか」

彼は一度自宅に戻ると、鍵束を取って戻ってきた。

「切り離し階の設定ってのができるんですよ」

彼は操作盤のキーを操作し、鈴木さんとともに二十八階まで上がった。

「いいですね。それじゃ一つ上がりますよ」

二十九階のボタンを押す。一階上がってカゴが停まった。ドアが開く。

「この天井がね、問題なんです。私には何も見えないんですが……そのですね、以前二十九階にお住まいの皆さんから、変なものが出てくるっていう報告が続きまして」

歯切れが悪い。

話しているうちに、エレベータのドアが自動的に閉じた。

「天井？」

鈴木さんは視線を上に上げた。そこに裸足の足の裏があった。それを見て声を上げた鈴木さんを見て、久保田さんはエレベータのボタンを押した。

カゴは一階分下りた。二人は二十八階で降りた。

「見えましたか」

青い顔をしている鈴木さんに、久保田さんは言った。

「今御覧になられたのがそれです。一番上まで上がっちゃうと、何故か男性の足が突き出してくる……らしいんです」

マンションやエレベータの管理会社に問い合わせても、特に何も問題はないという。見える人にだけ見える。だから二十九階に入居がない限り、二十八階で停まるように設定されている。久保田さんはそう説明した。

「あの、変なことを聞くようですが、今までエレベータで自殺とかされた方がいらっしゃるんでしょうか」

鈴木さんは恐る恐る訊ねた。

「いえ、うちはここが建ったときから住んでいますが、そういう話は聞いてません」

久保田さんは即答した。

怖がり屋

久美は自他共に認める怖がり屋だ。暗いところが怖いので、明かりを点けて眠る。一人になりたくないので、一人暮らしはするつもりはない。自室にいる分には大概、普通に過ごしているのだが、うっかりテレビで殺人事件のニュースや、バラエティ番組の芸能人の怪談話などを聞いてしまった日には、まずは居間にいる母の顔を見て安心しないことには、もう眠れない。本格的に怯えてしまった夜は、母と同じ布団で寝ることもある。久美の成人式からもう数年は経っているというのに、だ。

とはいえ、そんな久美さんも立派な勤め人である。

暴漢や痴漢がいるかもしれない電車に乗り、何を考えているか分からない他部署の人間とすれ違いながら会社で過ごす。尤も、仕事のモードに入っているときは恐怖心が発動することはない。ここで怖がるようなら社会人にすらなれないのだ。

その日は同僚と社食で食事を済ませ、用を足そうと一人トイレのドアを開けると、室内がいつもより暗く感じた。目の錯覚だろうと思い、個室に入り鍵を掛けると、どういう訳かなお一層に個室内が暗い。恐らく蛍光灯の光量が落ちているのだろう。そう解釈し、洋式の便座に腰掛ける。用を足し終え、手探りで鍵を開け、外に出る。もうトイレの中は真っ暗で、辛うじて白い壁、個室の仕切りが見える程度だ。

それにしても、この暗いトイレに五、六人の人が、個室に入る訳でもなくただ立っているとは。

「すみませんねっ……と」

などと言いながら、暗がりに立つ人々をかき分け、久美は外に出た。

「やっぱり、おかしいよね」

すぐさま、再びトイレに入ると、中はいつも通りの明るさで、人は誰一人いなかった。

「うん。やっぱりさっきはおかしかったな。って感じでした」と彼女はこの話を締め、私は「怖くなかったんですか？」と訊ねた。

「いや。いや～。昼の休憩時間が終わりそうだったから、相手してられなくて……何か、流れでですかね？」

彼女はそう言い、何故か照れた。

駿河台

都内にあるその施設の地下には、女性専用の室内プールがある。

石山さんはそこの警備員として働き始めたときに、深夜のプールの水面に自動掃除機が浮いているのに気付いたという。

それは黒くて直径が二十センチくらいの丸型で、中心から放射状に黒くて長いゆらゆらしたブラシが生えていた。それがプールのコースに沿うようにして幾つも動いていた。

「ほら、最近電器屋に行くと全自動掃除機って売ってるじゃない。丸い奴。あれのプール用だと思ってさぁ。流石だな。大きい施設は違うわぁって思ってね、先輩に言ったんだよ」

報告を受けた先輩は、石山さんに呆れた顔をした後で、唾棄するように言った。

「それは掃除機じゃねぇよ。水に浮いた女の頭だよ。夜になると、あのプールは出るんだよ」

向島

清水さんがよく行くコンビニは、開店したときには二十四時間営業だったが、あるときから深夜になると営業を終了するようになった。

団地に囲まれたロケーションである。不良が溜まるからだという噂はあったが、そんなに不良が溜まっていたのを見た覚えもない。不自然に思って、そこでアルバイトをしていた大学の後輩の緒方君に訊ねてみた。

最初は曖昧な返事だった。

「あそこは溜まるねん」

「溜まり場といえば溜まり場やからなぁ」

「夜はなぁ。ちょっとなぁ。抜けていく奴がおるねん」

最後には変なことを言い始めた。

「あそこ、夜はごっつう怖いねん」

問い質すと、夜は幽霊が出るので深夜帯の営業を中止したのだと打ち明けた。

開店当初は特に問題はなかった。しかし次第に深夜帯にアルバイトに入れる者が減っていった。

緒方君ともよく一緒の時間帯にアルバイトに入っていた男性も、深夜の仕事を辞めさせてくださいと言い始めた。理由を聞くと、深夜に店で一人で過ごすのが怖いのだという。彼の場合は自動ドアが勝手に開くのに耐えられないとのことだった。

一度や二度なら、センサーがたまたま何かに反応したとも考えられるが、一定間隔で何度も開く。そのたびに入店のチャイムが鳴る。何度も何度も同じ間隔で開いたり閉じたりする。更にはずっと開きっ放しになり、扉が閉じようとすると途中でまた開く。

あたかも自動ドアのセンサーの下に誰か立っていたずらをしているようだった。見えないお客さんがいたずらをしていると考え始めたら、もうその考えを振り払えなくなった。だから辞めたいのだ。そう言った。

他のアルバイトの言によると、深夜に誰かが店内に入ってきたのだという。入店のチャイムも聞いているし、姿も見ている。二十代の男性だというところまで認識している。その人はトイレに向かった。しかしそれから三十分近く経っても出てこない。不審に思って呼びかけても返事がない。仕方がないのでトイレのドアを開けて確認した。中には誰もいなかった。

そんな変なことは一度や二度ではない。だから辞めたい。そう言って来なくなった。

二人だけではない。それからも深夜に入るアルバイトは皆、すぐに辞めたいと言い出した。共通しているのは怖いから、だった。

緒方君自身にも体験がある。

深夜帯でトイレを掃除するためにレジから離れていた。するとレジから怒鳴り声がする。

「ちょっと！　あんた！」

ああ、掃除している間に呼ばれたのに気付かなかったのか。

「すいません。気付きませんでした」

謝りながらレジに入ったが、お客は怒りが収まらないようだった。

「お兄ちゃんじゃなくってな。お姉ちゃんいるやろ。そいつ、わしのこと見とる癖にな、レジに来よらへんねん！」

深夜帯に女性の店員は入っていない。緒方君のワンオペである。

「あそこから顔出してな。こっちが会計って言ってるのに完全に無視やぞ！　一言文句言いたいから、お兄ちゃん、そいつ連れて来てんか！」

お客の指差しているのは冷蔵庫裏のバックヤードに続くドアだ。

深夜営業帯に女性店員はいないと説明しても納得しない。文句を言いたいから呼んでこいの一点張りである。

困った緒方君は、本当はスタッフ以外は入ってはいけないバックヤードを、お客に確認してもらうことにした。

ドアの中に入ってもらい、窓も出口も隠れるところもないことを確認してもらった。

すると、先ほどまでカッカしていたお客は、急に風船がしぼんだようになった。

「お兄ちゃん。すまんな。商品返しといて……」

「僕これから一人ですよ！」

「すまんなぁ……。商品返しておいて」

お客はそそくさと出ていった。それきりそのお客を見かけたことはない。

そんな経緯で、深夜にアルバイトに入ってくれる人が誰もいなくなってしまった。

店長の体力も限界を迎えて、深夜は店を閉めることになったのだという。

今はそのコンビニは閉店してしまったが、その建物自体は、そのまま手も付けられずに何年もの間、団地の真ん中に廃墟として残っている。

チャーハン

「この話、中華料理屋のカウンターですると、嫌がられるんですよ」

美咲さんはケラケラと笑った。

彼女はある中華料理屋のカウンターに座り、チャーハンを頼んだ。一人のときはカウンター。調理場の様子を窺うことができるからだ。

注文を受けた店主は、炊飯器から白米をよそうと、中華鍋の火力を上げた。ラードを注ぐと、溶いた卵液、間髪入れずに先ほどの白米を落とし、ステンレスのお玉で手早くかき混ぜ始めた。

続いてタッパーに分けてあるみじん切りのチャーシューと長ネギを、左手の指先で摘まんで鍋に投げ入れる。その間もずっと右手は休むことなくお玉で鍋をかき混ぜ続けている。

そのとき、仏頂面で調理を続けていた店主の手が止まった。表情に焦りのようなものが浮かんだ。

——どうしたのかしら。

カウンターから乗り出して中華鍋の中を覗くと、チャーハンから突き出た緑色の手がお玉を握っていた。節くれだった四本指だ。

「手？」

思わず声に出してしまった。店主はそのチャーハンを五徳から下ろすと、別の中華鍋を取り出し、再度初めからチャーハンを作り始めた。

店主は二回目のチャーハンを作っている間も終始無言だった。沈黙のまま出てきたチャーハンを食べる美咲さんも、終始声を上げなかった。

支払いは六百五十円。その店には二度と行っていない。

面接

上野にある芸術系大学に通っていた弘樹君は大学院へ進学し、時間的に余裕ができたこともあって池袋周辺でアルバイトを探していた。

アルバイト情報雑誌で見つけたのがとある高層ビルの商業施設内のレストランだった。

電話をするとすぐに面接日が決まり、当日店舗に出向いた。

彼はホテル内のレストランでアルバイトをした経験があったため、話は順調に進んだ。

具体的な条件と勤務時間の話に入る前に、珈琲とケーキが出された。

担当者と雑談をしながら珈琲を飲んでいると、厨房の奥から何かザワザワと声が聞こえる。

仕込みのために厨房に入っている人達もいるが、それにしてもあまりに大勢の気配だった。

「厨房のスタッフさん、大勢いらっしゃるんですか？」

素直に思ったことを口にした。

店長は、そうだねと答えたが、詳しいことは言わなかった。

弘樹君が珈琲を飲み終わると、勤務する店舗の話になり、レストランのフロア経験があることを理由にグループ店の中でも一番多忙とされる店での勤務を提案された。そちらだと時給が百円アップするという。

交通費も出るし時給も高くなることに比べれば、通勤に十分ほど余計に時間が掛かることくらい何でもない。その場で承諾し、三日後からシフトに入ることになった。その日は実際にバイトに入る店まで車で送ってもらい、店内の説明を受けた。

弘樹君は無事働き始めたが、やはりその店舗はハードな職場だった。

しかし、レストランでの経験のおかげか、一カ月もする頃には可愛がってくれるお客様も付くようになった。歳の近いスタッフとも仲良くなった。

働き始めて三カ月ほど経った頃のことである。オフの日に私用で銀座にいた彼は、偶然に常連の夫婦と出くわした。

店長の友人でもあるという二人に誘われ、一緒にランチを取ることになった。

やはり接客業を営んでいるという夫婦の話は面白く、打ち解けた雰囲気で楽しい時間を過ごした。最後にデザートと珈琲が運ばれてきた。

すると奥さんがそれまでとは違う口調で話し始めた。

「君はあの店で長く務まりそうだから教えておくわね」

弘樹君は面接を受けた店舗の入っている施設の歴史を教えてもらった。彼はそこが東京拘置所、また巣鴨プリズンの跡だということを初めて知った。

語られる歴史を聞くうちに、ふと一つの疑問が浮かんだ。

「あの、忙しいうちの店よりもあちらのビルの厨房スタッフの方が多いのはどうしてなんでしょう？」

その言葉を聞いて夫婦が顔を見合わせた。

「やっぱり感じる子は分かるのねぇ」

奥さんのあとに御主人が言葉を続けた。

「あそこのスタッフは実際は君の今いる店の半分しかいないんだよ」

「面接のときに人がいたの感じたのね？」

弘樹君は黙ったまま頷いた。

彼が教えられたのは面接をした店で人の気配を感じたり、いるはずのない人の姿を見てしまったりする人間が稀にいること。そのまま店で働いていると必ず大怪我をしたり、体調を崩してしまうこと。

「あの店舗で面接をして、そこで何かを感じているような子は他の店に回すの。だから弘樹君は他の店に移されることはあっても、あそこの店を担当することはないわよ」

ただ聞くしかなかった弘樹君だったが、一年以上経った今でも同じ店で働いている。もちろんあの御夫婦は今も常連として通ってくれている。

下北沢の劇場

都内のとある劇場の話である。

清美さんはある有名な俳優の養成所に所属していた。

養成員はその俳優の舞台があると、スタッフとしてパンフレット販売やもぎりなどをボランティアで行うことになる。

その日、清美さんは扉係を任されていた。遅れてきた客を舞台の邪魔にならないように客席に誘導する係だ。当然扉の開閉も慎重に行うことが求められる。音を立ててもいけないし、光を入れてもいけないのだ。

その劇の終盤になってから扉の開く気配があった。珍しい。お客さんは遅れてもせいぜい開演してから三十分ほどの間に入場するからだ。

しかし確認しても扉は開いていない。外の廊下を見回したが誰もいない。

扉の内側には暗幕のカーテンがある。そのカーテンが動いたのを見ている。確かに扉は開いたはずだ。

仕方がないので扉係の席に戻った。待機していると、今度は扉をノックする音がした。

え。上演中なのに！

演劇に従事している者が、上演中にノック音を立てるようなことはあり得ない。受付係も養成所のメンバーである。そんな基本的なことを間違う訳がない。

あぁ、今、あり得ないことが起きているんだ。そう思った清美さんは恐々と外を確認した。予想通り、そこには誰もいなかった。

終演後に、上演中に起きたことについて訊いて回った。しかし誰も心当たりはないという。そもそもその時間に客が入ってきた記録もない。

清美さんがそんな話をしているのを聞きつけたのか、舞台の進行管理のスタッフが寄ってきて言った。

「あぁ、この劇場には「いる」んだよ――」

この劇場は、昔色々あったから。

その一言で、その場の誰もそれ以上突っ込めなかったという。

八方破れ

小西さんは若い頃に、愛美さんという彼女と駆け落ちをした。二人ともまだ十代だった。寒い季節だった。逃避行は南から北へ。逃げて逃げてようやくたどり着いたのは北海道の大きな港町だった。

かくまってくれる知り合いがいる訳でもない。持っている路銀はもう心許なくなっている。働こうにも保証人がいる訳でもなく、頼れる人も定宿がある訳でもない。ないない尽くしの小西さんに手を差しのべてくれたのは、ふらりと寄った居酒屋の大将だった。

「事情はいいよ。困ってんだろ。明日からうちで働きな」

彼は理由も訊かずにそう言って雇ってくれた。それだけではない。住まいまで世話してくれた。

「丁度うちのアパートに空いている部屋がある。うちの店で働くなら家賃は給料から引くことになるがな。それで良ければ、そこに転がり込んでくれればいい。」

若い二人は深く頭を下げ、大将の懐の深さに感謝した。

小西さんはよく働いた。四六時中大将の後ろを付いて歩き、必死に仕事を覚える。主に力仕事と切れるような冷たい水での材料の水洗いが担当だった。

滞在三日目の朝のことだった。仕事に向かうためアパートの玄関で靴を履こうとしていると、愛美さんが浮かない顔をして言った。

「ねぇ、気付いてる？」

「何が？」

「あの箪笥の中に、お皿が入ってたじゃない。あのお皿が毎朝割れてるの」

借りている部屋には備え付けの家具があった。その一つが古い茶箪笥で、中には九枚の白い皿が入っていた。

大将は好きに使ってもらっていいと言っていたが、食器を割ってしまったときにはどうすればいいのだろう。弁償しないといけないのか。

「馬鹿野郎。お前が割っちまったってぇのか？」

声を荒らげた。

「違うのよ。毎朝割れてるの。ほら、こっちに来て見てよ」

愛美さんは茶箪笥の前を指差した。手のひらほどの皿が、一枚茶箪笥から飛び出て綺麗に八つに割れている。まるでピザカッターで切ったかのようだ。手で触れると陶器の触れ合うときのしゃりんという音がした。不思議と周辺に破片が見当たらない。

「毎朝こうなの。こっちの袋に割れたものが二枚入ってるけど、気持ち悪くて」

事情を聞けば確かに気持ち悪い。しかし、もう時間だ。出ないと店に遅刻してしまう。

「後で帰ってきたら、相談しよう」

しかし、仕事から帰ってくると、もう疲れ切って何も考えられない。愛美さんも布団に入っている。起こすのも忍びなかった。相談は保留だ。

翌朝、小西さんは愛美さんよりも早く起きて、茶箪笥の前を確認した。やはり皿は床に飛び出て綺麗に八等分されている。これで四枚目。残り五枚。

どうしたら良いのか分からない。寝ている愛美さんを起こさないまま部屋を出た。

大将に相談すべきか。どうしようか。どちらがいいだろうか。そう煩悶《はんもん》しているうちに、更に四日が経った。

「昨日で仕事を始めて一週間経ったな」

その日の夜、大将はそう言って、給料日前にも拘わらず、小遣いをくれた。

「お前はよく働く。いい職人になるよ」

やはり皿のことは訊けないままだった。

「もう、私、無理です」

その夜、アパートに帰ると、普段は寝ているはずの愛美さんが起きて待っていた。彼女は開口一番そう言った。

今日は大将に小遣いを貰ったぞと報告をしようと考えていた小西さんだったが、出鼻をくじかれた形である。気付くと愛美さんはすっかりやつれてしまっていた。今まで朝早くから夜遅くまで仕事をしていたので、ずっと相談する時間が取れないままだった。

「皿か。皿だよな……」

割れるのなんて偶然だ。そんな変なことはすぐに終わるはずだと思っていたが、皿は毎朝割れ続けた。訊けば皿の数は残り二枚。朝には残り一枚になっているだろう。

「もう帰りましょうよ。お父さんには私から説明するから。ね。帰ろ」

ぽろぽろと涙を流す愛美さんを抱き寄せ、小西さんは夜逃げすることにした。荷物はボストンバッグ一つ。大将には何も事情を説明せず、始発列車で故郷に帰った。

その後、駆け落ちから帰った小西さんは、愛美さんのお父さんに日本刀で切りつけられることになるのだが、それはまた別の話である。

小皿

ワンルームマンションに住む、小田切さんの話。

夜、寝ているとと風呂場からバケツの水を何度も零しているような音が聞こえた。

隣の部屋や上の部屋の音かと思ったが、普段こんなに水が跳ねる音までは聞こえない。

一体何の音だろうと、ユニットバスに向かう。

彼女は、いつも朝にシャワーを浴びるばかりで、湯船にお湯を溜める習慣はない。

ユニットバスのドアを開けると、湯船に水が溜まっていた。それどころかユニットバス中が水浸しである。

水道管が破裂でもしたのだろうか。そう思って目で見える範囲を細かくチェックしても、特に問題が起きている様子はない。

その間に水は全て流れたようだ。栓が抜かれていたのだ。ふと気になって風呂桶の中を確認すると、底に一枚の真っ白な小皿が転がっていた。

見覚えのない小皿だ。大きさといい深さといい、刺身醤油を入れるのに丁度良い大きさだが、真っ白いその皿の造形をどこかで見たような気がした。

ああ、そうだ。昔、初詣に行ったときにお神酒を戴いた後に貰った皿だ。多分まだ実家にあるはずだ。

「何でここにあんのよ」

疑問が小田切さんの口を衝いて出た。

先ほどの水音といい、まさか河童の頭に載っている皿であろうか。それにしても随分と小振りだ。

結局皿は洗って食器棚に収めた。

翌朝食器棚を確認すると、やはり小皿がある。夢ではない。しかし幾ら眺めても、何の変哲もない小皿である。

それでは使ってみたらどうだろうと、焼いたトーストを小皿に乗せてみた。しかし、それで味が変わる訳でもない。自分の行動に思わず笑ってしまった。

彼女は皿を洗って食器棚に戻し、仕事に出かけた。

夜になって仕事から戻り、玄関の扉を開けた。

見れば玄関から続く廊下が水浸しである。奥の食器棚の扉も開いている。

まさか泥棒か。そう思って確認すると、今朝洗って入れておいたはずの、あの白い小皿だけが失くなっていた。

UFO

後藤さんは古い家具を買うのが趣味だ。とは言っても、北欧からの輸入ものや、有名ブランドのデザインが凝ったものにこだわりがある訳ではなく、何の気もなしに街へ出かけた折に、ふと目に付いた〈味のある〉一品を手にいれるのが好きなのだそうだ。

ある日、後藤さんが購入したのは、御飯と味噌汁、小皿の二つでも置いたら、あとは何も置けない程度に小さなちゃぶ台だった。丸い板に足が四本。素人が塗ったかのようにムラのある光沢を放つニスが趣深い。テレビでも見ながらこのちゃぶ台で朝餉《あさげ》を頂く自分を想像すると、何とも面白い。値段は二千円。リサイクルセンターで見つけたものだった。

折りたたみ式ではなかったため、見た目の割に重量があるちゃぶ台の運搬は難儀ではあったものの、無事我が家までたどり着き、予定通りテレビの前にちゃぶ台を置いた。

よし！　明日の朝が楽しみだ！

と後藤さんが思ったのと同時に、ちゃぶ台はぐるぐる回転しながら宙に浮かんだ。

そして呆気に取られる間も与えずに窓を割って、外に飛び出していった。

相棒《ダチ》

相棒はお気に入りの革ジャン。肝臓壊して死んだダチの遺したライダース。こいつを着てツーリングに行くと、何か守られてる気がするんだ。タイヤが滑って転んだときも、怪我はなし。絶対にこいつのおかげ。あいつとはホント、良い思い出ばっかり。まだ生きてくれりゃ、もっと良いんだけどな。

よし、今日もツーリングに行く。今日も頼むぜ相棒。

相棒。お前、今日なんか小さくないか？　腕入れたら、もうパンパンだぜ。

俺、太ったか？

まあ、いいや。行くぜ。


相棒。

お前、どうしちまったんだ。

また小さくなってんぞ。

そんなんじゃあ、もう腕が曲がんないぜ。

ずっと腕を絞めるから手の感覚も、もうねぇぜ。

でも、何かずっとアクセルは握ったまんまだ。

腕が固まっちまったみてえだ。

ほら。目の前の電柱が近付いてきやがる。こりゃ、追突だ。

ほら、追突だ。


相棒。

ありがとうな。

おめえのおかげで脳震盪で済んだ。

医者にいわすと、かなりラッキーな感じだったってよ。救急車なんて初めて乗ったぜ。

まあ、ラッキーといや、ラッキーだよ。中学んときにお前と同じ学校だったのがな。お前に巡り会えたんだからな。

そういや、俺は前日の大雨のことなんて、頭になかったからな。ニュースで聞いたよ。

あのまんま、あの峠まで行ってたら、土砂崩れに潰されてたかもしれなかったんだな。

俺はお前よりもバカだから、やっぱ昔みてえにお前が助けてくんねえと、大変だよ。

ほんと、ありがとうな。

また会いてえな。
いつ会えるかな。
楽しみだぜ。相棒。

ビデオ撮影

小学校時代のことである。青柳君には馬場君と涌井君という仲の良い友人がいた。

あるとき、馬場君のお父さんがビデオカメラを買った。まだ当時はテープに録画するタイプのものだ。

三人は放課後にそれを借りて、近所の自殺があったという森を探検しに出かけた。

森の入り口から撮影を開始し、薄暗い森の中をまっすぐ進んでいく。すると、馬場君が突然大きな声を上げて座り込んでしまった。

手に持っていたビデオカメラを投げ捨て、今来た方角に走って全力で逃げていった。

青柳君はビデオカメラを拾い、涌井君と一緒に森から出て、馬場君の家を訪ねた。

玄関で出迎えた馬場君に、どうしたのかと訊くと、彼は口ごもった。

部屋に上がると、彼は「変なものが写ったんだよ」と告白した。

当時のビデオカメラには、液晶モニタが付いていない。馬場君は片目でファインダーを覗きながら撮影をしていた。

三人は今の光景や、気が付いたことなどをナレーションとして入れながら奥へと歩いていく。暫く行くと、道の先にホワイトノイズで塗りつぶした人型のものが立っていた。

それはファインダーから目を離すと姿を隠してしまう。

確認のために何度もファインダーを覗いたり目を離したりしていると、だんだんその姿が大きくなった。自分達が近付いているだけではない。相手もこちらに近付いてきているのだ。それも、思ったより速く。

次にファインダーを覗き込んだ瞬間、画面全体がホワイトノイズで埋めつくされた。

だから怖くてビデオカメラを放り出したのだと、馬場君は説明した。

「とりあえず森で撮ったビデオ再生してみようよ」

「……うん。そうしたら、僕が見たのが見間違いだったって分かるかも」

森に入りますのナレーションまでは画像が映っていた。それ以降は全面ホワイトノイズである。声は入っているし、録画されている以上、レンズのキャップは外れている。

最後は馬場君の驚いたような大声と、それに続く〈置きっ放しだったらダメだよね〉という青柳君の声。

そこまで再生すると、うぅううっという、嫌な感じのうめき声とともに、テープが吐き出された。声は中年男性のもののように思えたという。

竹馬その二

『恐怖箱　彼岸百物語』に収録された「竹馬」という話の類話である。

ある飲み屋で、京都に住んでいたという男性がこんな話をしてくれた。

京都の山の中を猟場とする鳥撃ち猟師の間で、平行に走っていく二本の竹の噂があるのだという。通称「タケウマ」という。

山の中でタケウマに出会ったら、それを追いかけてはいけない。また、竹の上のほうからガサガサと音が聞こえるが、それの正体を確認しようとしてはいけない。

そこまでは「竹馬」で語られた内容と同様である。ただし、「竹馬」は関東の話で、こちらは京都の話だ。

「で、この話には続きがあるのよ。この話を一切信じない奴がいた。まぁ俺の友達なんだけど。迷信だって鼻で笑ってね」

ある日その友人は「タケウマ」に出会った。そしてその後を追いかけていった。

竹やぶを抜けてもまだタケウマは山の中を走っていく。流石にもう追いつけないかと思った頃に、パッと開けた場所に出た。神社の境内のように思えた。

この山の中に、こんな広場があるという話は仲間からも聞いたことがない。

おっかなびっくり奥へと進んでいくと、水平に竹が浮いている。

竹は階段状に何本も空中に浮いている。そうか、次はこの階段を上れということかと合点したが、流石に恐ろしくなった。

その広場から元の場所に戻ろうと山を降り始めたが、友人は結局丸一昼夜山の中を彷徨《さまよ》うことになったらしい。

怒り顔

怪力自慢のマッチョ男の松井君が大学生の頃に体験した話。

ある夜、仲間に連れられて心霊スポットを訪れた。

そのスポットでは、お地蔵さんが表情を変えるのだという。

だが、彼はお化けを全く信じていなかった。

馬鹿馬鹿しいではないか。石のお地蔵さんがどうして表情を変えるのか。

本当に表情が変わるってんなら、俺がお地蔵さんの頭を両手で締めてやる。そんな軽口を叩いたおかげで、こんな深夜にこんな場所まで連行されてしまったのだ。

「あれだあれだ。松井先生、あのお地蔵さんのこと、とっちめてくださいよ！」

おどけた調子で仲間の一人が言った。

お地蔵さんは、柔和な顔をしていた。

「これが変わるってんだな？」

後に退くことはできそうになかった。

後ろから両手でお地蔵さんの頭を挟み、渾身の力を込める。グッと松井君の上半身の筋肉が盛り上がった。

「あれ？」

「どうしました松井先生」

「ん。何でもない。何か石が柔らかかったから」

柔らかいはずはない。自分でも何を言っているのかよく分からない。両手に持っているのは、ただの石のはずだ。

そう思ってお地蔵さんの正面に回った。

お地蔵さんの顔が怒っていた。

「ごめんなさい！」

松井君がその場で大声を上げたおかげで、皆一目散に逃げ出した。

それからひと月ほどの間、松井君は激しい脱力感に襲われ、軽いバーベルを上げることすらできなかったという。

バディー・リー

古着屋を営業している春彦さんは、以前は京都の店で働いていた。そこではビンテージのデニムを中心に扱っており、半年に一度はアメリカに商品の仕入れに行く。

働き始めてすぐに分かったことだが、その店では春彦さんには馴染みのない人形も扱っていた。一九二〇年代から五十年代までにＬｅｅ社が販促用に作っていたもので、バディー・リーという子供を象った人形だ。大きさとしては三十センチほどでＬｅｅ社の衣服を身につけている。今ではビンテージのものがコレクターの間で売買されているとのことだった。

これも売り物なのだが、なかなか出ていかない商品だった。中古の人形を扱っているような輸入雑貨店ならまだしも、街の古着屋ではコレクターの目にも入らなかったのだろう。そもそも店のマスコットとして親しまれていて、お客さんには売り物だと気付いてもらえなかったのかもしれない。

ただオーナーは人形のことを気に入っているようで、店には年代の違うバディー・リー人形が三体いた。

「こいつ、歩くんですよ」

ある日、店に行くとバイトの一人が声を掛けてきた。話を聞くと、人形のうち一体が夜のうちに移動しているのだという。

その言葉に思い返してみると、レジ前に置かれているはずの人形がデニムの棚の前にいたり、向きが変わっていることは過去にもしばしばあった。

「で、今夜から、どれだけ動くかで賭けをしようってことになってて、春彦さん、一口乗りませんか?」

床にチョークで同心円を描き、人形が何センチ動いたかを賭けるとのことだった。動いた距離に一番近ければ勝ちで、勝者は掛け金を総取りである。

人形は五センチも動かないこともあれば、店舗の反対側まで十メートル以上も移動していることもあった。春彦さんも何度か賭けに参加して勝ったこともある。

冷静に考えればおかしいのだが、皆、人形が動くことに慣れっこになっていたのだ。

それから十年が過ぎた。春彦さんもその店から独立して暫く経つが、今でも件の店は営業しているし、恐らくバディー・リー人形もまだ元気に歩いているはずだ。

春彦さんは今度京都に行ったら確認してきてあげるよと、爽やかな笑顔を浮かべた。

肉体改造

「あれ？　ない」

大切にしていた日本人形が見当たらない。あれは亡くなった祖母から貰って大事にしていたものだ。

押し入れの中にでも仕舞ったのだろうか。そう思って覗いてみたがやはりない。めぼしい場所は探してみたが、やはりどこにも見当たらない。

生来が呑気な質なので、まあそのうち出てくるだろうと深く考えることもなく気楽に構えてそのまま忘れていた。

半年後、同じマンションに住む従姉妹が突然訪ねてきた。何があったのか、元々ふくよか過ぎるほどふっくらとしていた容貌が、痩せてえらくスマートになっている。

「これ、返すから。ごめんなさい」

涙目で差し出されたその手には日本人形。だが、自分の持っていたものとは似ても似つかない。

「え、これあたしんじゃない」

思わず突き返すと、間違いなくアンタのだから、と主張する。

彼女によれば、従姉妹同士歳が近いせいもあって何かと周囲に比べられるのが我慢ならず、ちょっとした意地悪のつもりで隠したのであるらしい。

確かに顔や着物はあの人形だし、手にある細かい傷にも見覚えがある。だが、その造形が己の知るものとあまりにも違い過ぎていた。

首から下が、着物の上からでも分かるくらい筋肉が盛り上がったマッチョな姿になっている。首周りに至ってはまるでボディビルダーの如き逞しさだ。

何故こうなったのか、何があったのか問い質したかったが、半泣きの従姉妹はそれ以上何も言わず強引に人形を押し付けて帰ってしまった。

以来二度と顔を見せなくなったため、結局彼女に何があったのか、一体何に怯えていたのかは分からないまま。

その後人形は変わることなく、筋肉隆々な逞しさもそのままである。

ドヤ顔

里佳子さんの実家の押し入れの奥から、祖母の遺品の市松人形が出てきた。

母親はどうやら気に入らない様子だった。捨てればいいのにと進言したが、祖母の遺品ということもあって、捨てるのは忍びないらしい。

母親は、気持ちが悪いからあんた持って帰ってよと、里佳子さんに押し付けた。

人形を持ち帰った夜にベッドで寝ていると、顔にもさっとしたものが掛かった感覚で目が覚めた。

顔に掛かっているこれは何だろう。

寝ぼけ眼で確認すると、何かが棚から自分のベッドまで伸びている。棚からは三メートルはある。その間に橋でも掛けたかのようだ。

何これ。目が慣れると、真っ黒な何かが市松人形の頭から伸びているのが分かった。髪の毛だった。

慌てて起き上がろうとすると、人形の髪の毛がスルスルと元の長さに戻った。

棚の上では市松人形がこちらを向いて微笑んでいた。

何今の。何これ。

それ以来毎晩起こされるようになった。部屋のどこで寝ても、髪が伸びてきて顔に掛かる。気持ちが悪い。連日寝不足である。おばあちゃんの遺品だからと遠慮をしていたが、もう耐えられない。

「お前いい加減にしろよ」

腹を立てた里佳子さんは、バリカンを片手に市松人形の頭に植えられた頭髪を丸刈りにした。

「よし」

ここはあたしの部屋だぞ。この部屋で二度と変なことをするな。おとなしくしておけ。次はないからな。

市松人形に厳重な警告をした上でベッドに横になった。

今日はもう大丈夫だろう。これでゆっくり眠れる。

しかし彼女はバチバチという激しい音で目が覚めた。時計を見ると午前二時を回ったところだ。音は夏場のコンビニの入り口にある電撃殺虫器が、虫を焼くときの音に似ていた。

この音、何？

まさかと思って棚の上に置かれた丸刈りの市松人形を確認すると、音はそちらから聞こえる。振動しているのか、カタカタと小さな音を立てて揺れている。

見ていると、突然市松人形の頭から、髪の毛が勢いよく吹き出した。

直後、市松人形の髪は、肩までの長さに戻っていた。

そのときの市松人形の表情は、腹が立つほどのドヤ顔に変わっていた。

それが里佳子さんの逆鱗に触れるには十分だった。

「二度はないと言ったよな」

里佳子さんは、人形の頭髪をガムテープでぐるぐる巻きにし、そのまま実家に送り返した。人形はまだ実家にあるはずだという。

墨壺

藤本さんは古道具屋巡りをするのが趣味で、よく色々な店を冷やかしては、ちょっとした小物を買うのが楽しみの一つである。

その墨壺を見つけたのは、中央線沿いのある駅から暫く歩いたところにある小さな古道具屋だった。子供の頃に馴染みの大工がいた藤本さんは、家に上がり込んでは大工道具をよく見せてもらった。彼の持つ墨壺には竜の頭の細工彫りが施されていて、藤本さんは子供心にかっこいいと憧れていた。

墨壺はその店の隅の棚に無造作に置かれていた。小振りだが鶴と亀を象った細工はなかなかのもので、腕の良い職人のものだろうと思われた。

良い出物があれば一つ欲しいとは以前から思っていたのだ。

藤本さんは、店主に声を掛けた。

小柄な店主は愛想良く返事をし、商品に付いた埃を払いながら、蘊蓄《うんちく》を語り始めた。

「昔は差金《さしがね》、釿《ちょうな》、墨壺が大工の三種の神器と呼ばれてたんです。中でも墨壺は大工が自分で作るんですよ。だから腕のいい大工は墨壺見りゃ分かるってね」

安くしときますよと言われ、藤本さんはぐらっときた。少し負けてもらって購入した。

帰り際に店主が訊いた。

「それ、実際にお使いになりますか」

「いやあ、そのつもりはありませんよ」

「ああ、それなら良かった」

藤本さんはその言葉が気に掛かったが、骨董品だし実際に使って壊れたらどうなっても知りませんよ、というような意味だろうと捉えた。

墨壺を持ち帰ったその晩、藤本さんは丁寧に埃を払い、壺車をからから回した。鶴と亀の彫刻を指でなぞった。

——いい出来だ。

こうなると使ってみたくなる。大工道具を使うのは素人だが、日曜大工ぐらいなら出番がありそうだ。糸をぴしっと言わせて直線を描く。なかなかかっこいいじゃないか。

知り合いの大工に訊いて見よう見まねで部品を組み上げると、その大工は墨壺を持ち上げて言った。

「ああ、こいつは朱壺だ」

ベンガラを入れるんだよ、と教えてくれた。この墨壺の「池」に入れてあったのは墨ではなく、赤い顔料とのことだった。藤本さんは、実際に使われていた当時の状態にしようと考えた。その大工にベンガラがどこで入手できるか訊いた。柿渋で溶くらしい。

その夜、枕元に墨壺を置いて布団で寝ていた藤本さんは、足元の辺りから変な音がするのが聞こえた。何かを弾くような音だった。家鳴りかと思ったが、どうも違う。だが電気を点けるのも億劫《おっくう》だったので、朝になれば分かるだろうとそのまま寝てしまった。

翌朝、昨晩の音は何だったんだろうと思って布団から出ると、畳が異様な状況になっていた。何本も赤い直線が縦横に走っている。慌てて枕元を見ると、寝る前には空っぽだった墨壺の「池」の部分に、赤黒く変色した液体の染みた綿が入っていた。

——血？

畳にも布団にも壁にも天井にも、無数の赤茶けた直線が引かれていた。それは乾いた血に見えた。

藤本さんはそれらの線の引かれた箇所を全て濡れ雑巾で擦って落とした。

掃除を終えた藤本さんは、墨壺を持って、先日の古道具屋に足を運んだ。

しかし、その店が見つからない。そんなに広い町ではない。しかし、くまなく探しても見つからない。仕方がないので、その墨壺は知り合いのお寺に引き取ってもらった。

藤本さんは、今でも店主の「ああ、それなら良かった」が気になっている。

壺

真紀さんの祖父は骨董屋によく寄るのだという。更に寄るだけでは済まずに様々なものを買ってくる。しかし、孫の真紀さんから見ても、全てが本物かどうか疑わしいものばかりである。

下手の横好き、安物買いの銭失い。骨董の世界は魑魅魍魎《ちみもうりょう》の巣食う魔界とも聞く。「この唐津焼は一万円だったんだ」などと、毎度嬉しそうにしていることもあり、趣味の範囲と許す一方で、家族は骨董屋に騙されているのではないだろうかと心配もしている。

ある日、祖父がウキウキした様子で帰ってきた。陶磁器の壺の出物があったんだと語る祖父の足元には、一抱えもある木箱が置かれている。

いそいそと自室の床の間に飾り始めた背中に向けて、それ幾らだったのと訊ねると、三万円と答えが返ってきた。

翌日、真紀さんの家は荒れ放題だった。固定電話の受話器が上がって、ツーツーと音を立てている。テーブルクロスも落ちてくしゃくしゃになっていた。

留守の間に、やんちゃなペットがイタズラしたような状態だが、彼女の家にペットはいない。

家族で一点一点確認をしたが、盗まれたものは一切なかった。泥棒だったら物を盗んでいくはずだ。だが単に荷物が色々とひっくり返されているだけである。警察に相談しようにもしづらい状況である。

そのときは警察に連絡することはしなかった。だが、週に一度ほどの割合でそんな妙なことが起きるようになった。

家族は首を傾げるばかりである。

そんなある夜、真紀さんはトイレに行くために目を覚ました。暗い廊下を歩いていくと、台所で何かが割れる音がした。

「お母さん？」

暗い台所から声を掛けると、何やらガタガタ音がしている。ちょうど小動物がその場で慌てて右往左往しているような感じである。

台所の電気を点けたところ、テーブルに置かれた醤油差しが倒れて、黒い水溜まりができていた。その倒れているガラス瓶の横に、手のひらほどの大きさの、小さな中年男性が腰を屈めている。小人だ。

それはこちらに気が付いた様子で、ハッとした顔をしている。

「こら！」

思わず大声を上げた。小人は走り出し、ちょこまかと廊下を進んでいく。真紀さんもその後を追いかけていく。

祖の襖が少しだけ開いている。小人はその隙間に滑り込むようにして入っていった。

パーンと勢いよく襖を開け、寝ている祖父にお構いなく部屋の電気を点ける。祖父は慌てた様子で目を覚ました。

「どうした⁉」

おじいさん、あれ見て！　祖父も真紀さんが示す方向に視線を向けた。

先日骨董屋から買ってきた壺に、手のひらサイズの中年男性がよじ登っている。

祖父が声を上げて駆け寄っていく。小人が壺に入ると同時に、持ち上げて中を覗き込む。

「何もおらんぞ」

「でも見たよね」

「見た」

恐らく、部屋を荒らしていたのはあいつだ。二人はそう結論づけた。

翌朝の家族会議の結果、祖父は件の壺を返品するように求められた。

だが、祖父が骨董屋に壺を持って行っても、店主は引き取ってくれなかった。金は返せない。返品も無理。買い上げることもできないと言われてしまった。

仕方なく、壺は廃品回収にゴミとして出すことにした。三万円は完全に捨て金である。

後日、真紀さんが骨董屋に顚末《てんまつ》を話しに行くと、骨董屋の親父が目を合わせないようにして言った。

「だから、あの壺は油紙で口閉じてあっただろ」

確かに買ってきた当初は、油紙で口が封じられていた。だが、そのままでは飾れないからと、祖父はそれを外して捨ててしまったのだ。

骨董屋でも小人に同じことをされたのではなかろうかとは、その話を聞いた祖父の意見である。

サウナ

九段さんはサウナが大好きだ。熱い中でじっと動かずに汗が染み出してくるのがたまらない。そのあとで冷たい水に浸かるのも爽快だという。

あるとき九段さんは、友人の上岡さんの家に自家製サウナがあるという話を聞きつけた。どうやら一年ほど前に亡くなった彼の父親がサウナ好きで、趣味が高じて庭にサウナ小屋を建ててしまったらしい。だが、父親が亡くなってそれを物置にするか、壊してしまうかを迷っているとの話だった。残された実家に一人暮らしの上岡さんにとっては、サウナは無用の長物なのだ。

もったいないから是非使わせてほしいと話を持ちかけると、九段さんが使いたいなら掃除しておくよと言ってくれた。

ひと月ほどして、九段さんは上岡さん宅を訪れた。早速庭に回ってサウナ小屋を見せてもらう。ツーバイフォー材と合板で作られた掘っ建て小屋だが、二人くらいならぎりぎり入れる。中は一畳ほどの広さで天井が低い。横並びのベンチの奥には小さな薪ストーブがあり、その上には巨大なダッチオーブンが置かれていた。中にサウナストーンが詰まっている。キャンプ用品の再利用といったところか。

「九段さん薪ストーブの使い方分かるよね。大丈夫だと思うけど、一時間くらいで室温百度くらいになるから」

もちろん大丈夫だと答えておもむろに服を脱ぐ。誘っても上岡さんはサウナに入らないという。小屋の横にはステンレスの風呂桶がある。上岡さんが気を利かせて冷水をなみなみと満たしてくれている。水温十度。冷たい。最高だ。

サウナ小屋に入ると、既に薪には火がくべられていた。じっくりと上がっていく室温を薪の本数で調整する。ここの室温は百度まで上げても良いらしい。流石にマニアの作ったものは断熱性能も素晴らしい。

興奮しながらの一度目の入浴と水風呂のセット。休息の後に、再度入浴と水風呂休息のセットを終え、そして三度目の入浴のときのことである。暗く暑い小屋の密室で全裸で汗を吹き出しながら状況を楽しんでいると、いつの間にか九段さんの隣に痩せた男性が座っていた。いつ入ってきたのだろう。もしかしたら上岡さんの知り合いだろうか。

いや待て。室温が下がっていない以上、ドアが開いたはずはない。となると誰だ。少なくとも自分よりもドアの側に座っている。先にサウナ小屋に入っていた線はない。

気になる。男の年齢は七十代といったところだ。しかし、暗いのとタオルをすっぽりと頭から被っているのとで、正確な年齢は分からない。

いや、男性のことは良い。彼は彼の戦いに臨んでいるのだ。ここは自分も自身の限界まで身体を温めるのに専念しよう。しかし、ドアを開けて外に出るには、男性の前を通過しないといけない。ドアを開ける際に室温も下げてしまう。それは失礼かもしれない。

百度を超えた室温の中で、色々と考えが頭の中を渦巻いていく。ああ、もうダメだ。くらくらしてきた。もう限界だ。意識が飛びそうだ。

「すいません。通してもらって良いですか」

九段さんはタオルを被ったままの男性に声を掛け、ドアから外に出た。

外気に当たり、汗を流し、そして水風呂に入って身体を十分に冷やし、ウッドデッキのベンチに腰掛けて休息。ウルトラリラックス。期待していた「ととのった」状態に入った。

しかし、あの男性は何者だろうか。先ほどからサウナ小屋のドアは開かない。ずっと入っているのであれば相当の時間である。

確認すると、小屋にはもう誰もいなかった。

途中で小屋に男性が入ってきたのだけど、と上岡さんに報告すると、それは多分うちの親父だと思うと小声で言った。実は上岡さんのお父さんの死因はサウナでの心筋梗塞で、搬送された先の病院で亡くなったというのだ。

「あの箱の中で発作を起こしてでね。救急車で運ばれて死んだんだ。きっと九段さんがサウナ好きだから出てきたんだね」

しかし、サウナが好きな人が来たから親父さんが現れたのか、久しぶりにストーブに火が入ったから現れたのだろうか。

恐らく後者だろうと九段さんは思っている。

それから何度か上岡さん宅のサウナを使わせてもらっているが、初回以来、親父さんが出てきたことはない。

父の部屋

松尾さんの父が癌で亡くなった。両親とは決して不仲だった訳ではないのだが、大学入学を機に地元の佐賀を離れて上京し、そのまま就職、結婚したため、血の繋がった者同士が顔を合わせる機会はめっきり減っていた。

父が入院してからは流石に見舞いのために一度は帰省したものの、不安定な容態に付き合って、都度佐賀に戻る訳にもいかず、結果、死に目に会うこともできなかった。

葬式、通夜を済ませた後、父の部屋へ久しぶりに入った。フローリングの十畳間に、大きな本棚が壁に面して置かれ、そこには文芸鑑賞が趣味だった父の蔵書が整然と詰め込まれている。窓のある壁に面して、木製の立派な机が置かれ、肘掛の付いた椅子には白いカバーが掛けられている。父はモダンな趣味の持ち主だったのだ。

父の椅子に腰掛け、机上に陶器の灰皿があることに気が付くと、松尾さんはタバコに火を点けた。田舎の夜の静けさは父との思い出に浸り、涙を零すにうってつけだ。

ふと振り返ると、壁に掛かった丸時計が目に入った。秒針は止まり、長針も短針も出鱈目《でたらめ》な数字で止まっている。六時二十三分。父が入院している間にその時刻で電池が切れたのだろう。几帳面《きちょうめん》な父がその場にいたなら、こんなことにはならない。

窓を開けると、夜風が部屋に入り、心地が良かった。二本目のタバコを吸い終えると、少し喉が渇いたので、台所へ向かおうと立ち上がった。

八時十一分。

丸時計がそう指している。依然として時刻は出鱈目ではあるが、どうにかして動いているようだ。一階に降り、麦茶を持って再び父の部屋に戻った。

十時三十一分。

あと一時間少し進めば、現在時刻になる。この丸時計はどうやら、時折数時間飛ばして針が動くらしい。松尾さんはこの丸時計の挙動に面白みを感じ、針が動く瞬間をこの目で確かめようと思い立った。次の動きで丁度現在時刻にでもなったら、小気味良いのだが、などと他愛のないことを考え、腕時計を確認しながら、丸時計をじっと見据える。

すると、勢いよく部屋のドアが開き、いつもの仏頂面を従えて父が入室してきた。

あ。これは夢だ。

そう思いながら、父が丸時計に手を伸ばし、裏面のつまみを回す様を見る。

父は改めて時計を戻し、またドアから出ていった。

指し示す時刻は十一時四十一分。

チッチッと音を立て、秒針が再び動く。
夢ではないことに気が付いた松尾さんは、明日このことを母に教えようと思った。

風鈴

看護婦の道子さんから聞いた話。

小さい頃、祖母の家に行くのが好きだった。

木造平屋の家は、居間にくすんだ赤色のカーペットが敷いてあって、小さなコタツが一つと映りの悪いテレビがあった。祖母とどんな会話をしていたか、今となっては思い出せないが、他愛のない子供の言動、振る舞いに祖母がニコニコと合わせていたのだろう。その証拠に祖母との時間は、良い思い出しかない。

「おばあちゃん。その風鈴、良い音だね」

「ああ、そうだろう。道子が気に入ったんなら、それ、あげるよ」

祖母の風鈴は、うるさくない所が気に入っていた。

風の強い日でも、何とも心地良い音色を響かせてくれる。

大学に入学してから、窓辺に掛けた風鈴が幾ら風に揺れても鳴らない日があった。

肺炎で入院していた祖母が亡くなった日だった。

追い出され

高校野球もそろそろ有力校が出そろった頃だというから、丁度お盆の時期だ。

当時小学生だった真治さんは、仏間で昼寝をしていた。

「ちょいとごめんなさいよ」

真治さんは声のしたほうに視線を向けた。

どこから上がり込んだのか、見知らぬおじさんが襖に手を掛けて、部屋の入り口に立っている。

このおじさんはどこの誰だろう。親の友達だろうか。しかし一度も見たことのない顔だ。

「ああ、起こしちゃったね。いいから寝てて寝てて」

どこか飄々《ひょうひょう》とした様子で笑顔を見せると、仏壇に向かってまっすぐに歩き始めた。

仏壇の前にはスイカや夏みかん、お中元の品々が並んでいる。

男は仏壇の前に立つと、暫くしげしげと遺影を覗き込んでいた。やはり親戚の人か、親の友達なのだろう。でなければ仏壇を覗き込むなんてことはしないだろう。

「あぁ。これは立派なもんだ」

男は遺影に鼻が付きそうなほど顔を近付けた。次の瞬間、男の頭部が遺影に潜り込んでいた。ずるずると上半身が額の中に入っていく。

真治さんには、今起きていることがどういうことか分からなかった。思わず立ち上がる。身体を覆っていたタオルケットが足元に落ちた。

仏壇まで歩いていこうと思うのだが、目の前で起きている異様な光景に身体が動かない。どうしようどうしようと戸惑っていると、仏壇から怒鳴り声が聞こえた。

「出てけっ」

今まで遺影に上半身を潜り込ませていた男が、急に仏壇から跳ね飛ばされたかのように二メートルほども吹っ飛ぶと、畳に尻餅をついた。

その直後、てひひひという引き笑いの声を残して、男は消えた。

仏壇から轟いた怒鳴り声は、数年前に他界した祖父のものだった。

死ぬかも

タカシ君が部屋で一人、テレビゲームをしていたときのことである。

急に下腹が痛くなり、身体中を悪寒が走った。

強烈なめまいが始まると、たまらない吐き気がやってくる。

横になるか、トイレに走るか悩む間もなく、気が遠くなった。

――あ、俺は死ぬのかもしれない。

味わったことのない急激な体調の変化に、そんな思いを抱いた。

目の前の世界が白い皺《しわ》に覆われていく。これは正に気絶しつつある。ああ、もうダメだ。

自分がどういう姿勢で横たわっているのか分からないが、とりあえず完全には気を失わないまま床に寝ていることは分かった。白の靴下を履いた二本の足が目の前にある。

誰の足だろう。

「こら！　やめろ！」

母の声が聞こえる。

「出ていけ！　このクソ坊主！」

足が目の前からなくなり、母に抱きかかえられた。
そして、即座に体調が戻る。
母が言うには、小さな女の子が馬乗りになって彼の首を絞めていたのだそうだ。
あの子は誰なの。
と問われたが、タカシ君には分かりようもない話だった。

足場ボルト

時代の移り変わりとともに、いつの間にか見かけなくなったものの一つに、「電柱に刺さったままの足場ボルト」がある。今にして思えば、電柱をよじ登り放題の格好で放置していたあの頃のほうがおかしい。

青森で聞いた話。

アキラは友人のカズノリと夕方過ぎの塾帰りに合流した。その日は、二人で自転車であてどなく走り、休んではジュースを飲んだり、そこいらに腰掛けてお喋りをしたりして遊んだ。

遊び始めの時間がそもそも遅かったので、あっという間に夜が訪れた。帰りは二人とも無言でペダルを漕いでいた。

ん。違和感を感じ、通り過ぎる直前で横の電柱に視線を向けた。

見間違いだよな。

後ろを走っているカズノリも、同じように電柱を一瞥すると、唖然とした。

見間違い……だよな。

一応、確認しなければ。

「あのさ。今、子供いだべ？」アキラが言う。

「いだ」

「両手使って電柱の足場のぶら下がっちゃあやな？」

「ぶら下がっちゃあ」

「今何時だ？　わぁ。もう十一時過ぎだや。子供いりゃまいべぇ」

「ん。んだけど、あの子供、見たら、もういねえがったべ」

「ああ。やっぱり。んだったが」

二人の話はこう一致した。自転車で電柱横を通り過ぎ様、電柱のあまり高くない地点の一本の足場ボルトに両手でぶら下がった子供の姿を不意に認識し、あっと思って顔をそちらに向けたときには、もういなかった。

「あれは、ただの子供じゃねえ。今思い出しても気味が悪ぃ」

「私は今まで何も〈そういうの〉はありません」と言っていたアキラさんが、皆で怪談を語り合う場で、突如語り出した話である。

焼却炉の子

日影さんが小学校の頃の話である。

当時は学校の角に焼却炉が据え付けられており、用務員さんがそのゴミを焼く光景がよく見られたものである。

掃除を終えたら当番がゴミ箱を抱えて焼却炉までゴミを捨てに行くというのが、その頃の小学生の習慣だった。

ある午後のこと、日影さんはゴミ当番だったので、ゴミ箱を抱えて焼却炉へと向かった。

するとベニヤ板で囲われたゴミ溜めと、火の消えた焼却炉との間に、見覚えのない男の子がうずくまっている。

「お前、どうしたよ」

日影さんは声を掛けた。小さな小学校である。少ない全校生徒の顔は一通り覚えている。

しかしこの子の顔に覚えはない。転校生だろうか。

男の子は顔を上げた。

「ねぇねぇ。隠れんぼしようよ」

中性的な高い声だった。

屈託のない笑顔を浮かべたこいつは、いきなり何を言い出すのか。俺はお前の顔も見た覚えがないんだぞ。

そう言いたかったが、日影さんはグッとこらえて、「ゴミ捨ててから」と答えた。

男の子はキラキラした口調で、「隠れんぼするのにいい隠れ場所があるんだよ」と言った。

話を聞くと、焼却炉の中に入るのだという。先生から何度も危ないと言われている。そう伝えると、男の子はケラケラ笑って大丈夫だよと言った。

「だって僕、この中で暮らしてるんだよ。だから大丈夫」

腕を引っ張って焼却炉のほうへと連れていこうとする。

「いや、今日はやめとくよ。もう教室に帰らなきゃいけないから」

「そっかぁ。つまらないの」

男の子は、唇を尖らせて不満そうな顔を見せた後に、焼却炉の入り口から中に入っていった。

教室に戻ろうと校舎のほうに振り返り、何歩か歩いたところで用務員さんとすれ違った。

え、まさか。

用務員さんは、焼却炉に放り込んだゴミに火を点けようとしていた。

「ダメだよ！　中に子供がいるはずだから」

日影さんの一言で大騒ぎになった。

だが、焼却炉の中のゴミを掻き出してみても、誰もいなかった。

そんな嘘を吐くなと先生にこっぴどく叱られたが、もしあのとき、あの子の誘いに乗っていたらと思うと、震えが止まらなかったという。

日傘

館さんは若い頃に青年団に頼まれて、樹海のパトロールの手伝いをしたことがあるという。青木ヶ原樹海に入り、自殺者の遺体の捜索をするのだ。

そのときは数人のチーム毎に遊歩道から五十メートルほどの範囲を探すというものだった。探索を初めて暫く経った頃に、館さんは違和感を覚えた。先ほどから、日傘を差した老婆が樹海の中を歩いているのが、視界の隅に見える。

「ちょっと待っててくれるか」

館さんはチームの人間に声を掛けた。

「気になることがあるから、少し先に行くけど、もし問題があるようなら呼んでくれ。なぁに、多分十メートルか二十メートル先だから時間は掛からない」

そう言伝《ことづて》をして、ロープを張りながら傘の後を付いていった。

老婆は穴が開いた溶岩ででこぼことした不安定な地面の上を、滑るような歩き方で先へ先へと進んでいく。もちろん日傘など差していればそれが枝葉に引っかかる。足元は一定の速度で進めるような場所ではない。つまり老婆はこの世の者ではない。

老婆は、一本の木の前に到着すると、こちらをくるりと振り返り深々とお辞儀をした。こっちのことが分かっていたのかと、館さんはひるんだ。直後、老婆の姿が消えた。

木の根元には白い革のボストンバッグが置かれていた。木の裏側には、根元に寄りかかるように俯く人影。その傍らには降り畳まれた日傘。

館さんは足元を気にしながらその木の根元までたどり着いた。仲間からの距離は直線距離で十五メートルから二十メートルほどだろう。声を上げれば届く距離だ。

「御遺体発見しました！」

大声を出した。チームの人間が集まってくる。御遺体の確認と遺品の確認。リーダーがボストンバッグを開けた。

紙切れが一枚、目に入った。書かれた文字をリーダーが読み上げる。

「もうお金は必要ありません。世の中のためにお使いください」

バッグにはぎっしり札束が入っていたという。

薬瓶

館さんが子供の頃の話である。彼には狩猟が趣味の祖父がいた。犬を連れて山に入り、鳥や小動物を獲るのである。小学生になった館さんを連れていくこともあった。

その日の猟では祖父が山鳥を仕留めた。犬が先導し、祖父と館さんで撃った鳥を拾いに向かう。途中に野焼きのために藁が積まれていた。その積み上げられた藁の影からズボンの裾が見えた。くたびれた編み上げの靴が外向きに倒れている。

「誰かいるよ」

不安に思って祖父に声を掛けた。祖父が頷いて近付いていく。その後ろをついていくと中年の男性が倒れていた。口から血を吐いている。瞼を開いているが、目が動いていない。見てはいけないものを見てしまった。館さんは子供心にそう思った。

「えらいこっちゃな。お前はもう見るな」

祖父が言った。その時点で猟は中断され、山を降りて警察に連絡した。まだ小学生の館さんは家に残ったが、祖父は現場を案内するために、再び警察と一緒に出ていった。

その夜のことである。館さんは、壁に押し付けるようにして敷いてある布団に横になっていた。しかし、頭上の壁の辺りに人の気配を感じる。布団に潜ってみたが、気配は相変わらず感じる。それが怖い。昼間見た光景を思い出して耐えられなくなった。

「うわぁーー!」

自分を鼓舞するように大声を上げて、布団をはだけた。壁のほうを向くと、豆球のオレンジの光の下で、昼間に血を吐いていた中年男性が、動かない目で自分を覗き込んでいた。

怖い。怖いと思うと自然と涙が出てきた。大きな声を上げて泣いた。

すぐにどうしたと祖父が飛び込んできた。昼間見たおじさんが部屋にいると伝えたが、祖父には見えない様子だった。

祖父は、夢でも見たんじゃないかと言い、今夜はばあさんの布団に潜って寝るといいと慰めてくれた。

一週間ほどして、また祖父が猟に行くというので、館さんはそれについていくことにした。もうあの恐怖は忘れかけていた。

山に向かうために同じ道を通った。今日もあのときのままに、藁束が重ねられている。

そこに先日の血を吐いていた男性がいた。

彼は干し草に覆いかぶさるような格好でこちらを見ながら、何かを言っていた。手に持っている薬瓶を揺らしている。子供心に何か挑発されている様子を感じた。

「あのおっちゃんまたいるよ！」

「そっち見んな！　絶対見んな！」

どうやら男性のことは祖父にも見えたらしい。

猟を断念して二人で家に戻った。

帰るなり、祖父は祖母に対して先ほど見たものを説明した。

祖母は亡くなった男性のことを近所から聞いていた。

「その人、農薬を飲んで死んだらしいよ。借金も一杯あったって」

「あの男は本当にタチ悪いぞ。農薬の薬瓶を揺らしながら、坊主くるか、坊主くるかって言ってたしな。もしかしたこの子は狙われてるかもしれん。何かあったらいかんから、お不動さんへお参りしなきゃいかんかもな」

館さんは祖母に連れらて、お不動さんや、他にも幾つもの神社を続けざまに訪れたのを覚えている。

そのうち幾つかの神社では儀式を受けさせられた。それのおかげか、それ以来あの男性の姿を見た覚えはないという。

縁日

森さんには悟君という小学二年生の息子がいる。ある日、奥さんから彼を近所の神社で開かれている縁日に連れていくように頼まれた。

——そういえば悟にとっては初めてのお祭りか。

手を繋いで歩いていると、悟君がお面屋で変身ヒーローのお面を指差した。

「あのお面が欲しいんだけど——お父さん買ってくれる？」

その言葉に、森さん自身も子供の頃に親に買ってもらったことを思い出した。

森さんは店番をしている男性に声を掛けようとしてぎょっとした。そのお面の目の穴の奥から、誰かがこちら側を覗いていた。目がきょろきょろと周囲を見回している。

あぁ、子供の目か。木枠の裏側に子供がいるのか。理屈が分かれば驚くほどのことではない。森さんは店番に声を掛けた。

「ああ、これは最近人気だね。息子さんならよく似合うよ。お兄ちゃん、お父さんに買ってもらえて良かったな！」

店番は、調子の良いことを言って仮面を木枠から外すと、悟君に手渡してくれた。

もう先ほどお面の裏側から覗いていた子供の姿はなかった。

木枠の裏側に立っていたはずなのだがどうしたのだろう。見間違えだろうか。少し気にはなったが、お面を買ってもらった息子の嬉しそうな姿に、もう忘れることにした。

縁日から帰宅して、悟君を風呂に入れて寝かしつけた。

日付が変わる頃には、森さんも奥さんも布団に横になった。


廊下のほうから、とととととっと、何者かが走り回るような音がして、森さんは目を覚ました。

うるさい。誰かが廊下を走り回っている。誰だ。

起き上がって廊下を覗いてみると、暗い中を小さな人影が走っている。

電気を点けると、お面を付けた子供である。

悟か。買ってもらったお面が嬉しくて、はしゃいでいるのか。

「悟。今何時だと思ってるんだ。遊ぶなら明日にしなさい」

声を掛けると、子供はお面の向こうからこちらをじっと見て、ぷいっと玄関に向かって走っていく。

「おい悟！　言うこと聞きなさい！」

森さんの声を背中で聞きながら、少年は玄関のほうに走っていく。

そのまま玄関のドアの鍵を開けて外に出ていってしまった。

森さんは青くなった。慌てて外に飛び出し、周囲を見たが息子の姿は見えない。

「おい。どこに行ったんだ？」

声を掛けても返事がない。

「――まったく今何時だと思ってるの？　あまり騒いでると、悟が起きちゃうわよ？」

騒ぎを聞きつけた奥さんが、玄関から小声で話しかけてきた。

「いや今、悟が家から飛び出してったんだよ」

その言葉に彼女も驚いた。しかし彼女は玄関に顔を出す前に、息子が布団で寝ているのを確認している。

そこでまずは二人して部屋に戻った。奥さんの発言通り、悟君は布団で寝ていた。

「いい加減にしてよ、今、夜中の二時半よ」

奥さんも布団に戻った。だが眠れないのは森さんである。

先ほど見たのは何だったのか。あの子供は一体誰だったのか。考えれば考えるほど目が冴えた。縁日でお面の後ろにいた子供がちらちらと頭を過ぎる。

結局寝付けずにいると、朝日が昇った。

ああ、陽が昇ってきたな。森さんがそう思っていると新聞配達の音が聞こえた。

そうだ。眠気がくるまで新聞でも読んでいようか。

玄関を出て郵便受けの新聞を手に、何とはなしに道路のほうに目を向けると、朝日に照らされた路上に、昨日買ったはずの変身ヒーローのお面が落ちていた。

森さんはそのお面を手に取り、そのまま縁日の神社の境内に置いてきた。

朝、目覚めた悟君は、枕元に置いておいたはずのお面がなくなってしまったと騒いだ。

それを聞いた森さんは息子に声を掛けた。

「また今日、縁日で別のお面を買ってあげるから心配するな。同じのでも良いからな」

森さんの家の居間には、そのときに買ったお面が今も壁に掛かっている。

差し出された湯呑み

小牧さんは、今までの人生で一回だけ幽霊と間近で接したことがある。

彼が実家の部屋で寝ていると、不意に金縛り状態になった。身動きをしようにも身体が動かない。しかし、薄目を開けて周りを窺うことはできた。

部屋の片隅に何かがいる。一体何だろうかと目を凝らす。それは天井に着きそうなほどに背の高い女だった。それが部屋の対角線上の隅っこに立って、頭を少し傾けている。

手には銀色のお盆を持っており、そこに何かが乗っている。何が乗っているのだろうかと興味を持った。それとほぼ同時に、女は音もなく近付いてきた。

黒い湯呑みだった。女はそれを顔の前に差し出した。中にはなみなみと水が入っていた。

それを確認した直後に彼は意識を失った。それが唯一の幽霊体験だという。

この経験を妹に打ち明けたところ、彼女からは後悔するような言葉を聞かされた。

「その背の高い女性かなあ。ずっと家にいるよね。知らなかったの?」

彼があまり実家に帰りたくなくなった瞬間だという。

客

河本君が中学生の頃のことである。

彼の部屋は二階にあり、廊下を挟むと両親が寛ぐ居間があった。

午後四時頃、父が「はぁい」と大声を上げ、ガラガラと居間のガラス戸を開ける音が続いた。

そのとき、彼は部屋で漫画本を読んでいた。

「あれぇ」

と父が廊下で独り言を発し、また居間に入る。

暫くすると、再び父の「はぁい。はぁぁい」と声があり、居間のガラス戸が開く。

「んんん」

父は唸り声とともにまた居間に戻る。

「いま、いきます！　はぁい！　いきますよぉ！」

部屋から顔を出しまたも父が騒いだので、「どうしたの？」と訊ねた。

「お客さんが来てるみたいなんだよ。でも、すぐいなくなる」

「インターホン、鳴ってた？　俺は聞こえなかったけど？」

「いや、『すいませーん』って男の人の声。ガス屋さんが請求に来る頃だからさ」

階段からまっすぐにある玄関を二人で覗き込む。

「やっぱ、いないなあ」と父は首を捻る。

「え？　いるじゃん」と河本君は父に玄関をよく見るよう促す。

「いや、いないだろ。玄関ドアの外にいる感じするか？」

「じゃなくて、立ってるじゃん。男の人」

「いやいや。冗談は良いよ」

玄関口に立つ男は、そんなやりとりをするばかりで一向に降りてこない親子に怒っているのか、鬼のような形相で上階を睨みつけている。見知らぬ中年男性にあのように睨まれると、少年は近寄り難い。

「お父さん、任せたよ」

「だから冗談は良いって」

二人は同時に踵を返し、それぞれの部屋に収まった。

後の夕食どき、父は「あの後も声はあったけど無視しといた」と言うが、河本君には声は聞こえていなかった。最も玄関に近い台所にいた母も「そんな声はなかった」と言った。

家庭教師

「あ、どうもこんにちは。はじめまして」

「あら、先生こんばんわ。どうぞよろしくお願いします」

玄関で母親に挨拶を済ませた。

母親の後ろではタクミ君の姉らしき女性が母親と同じように微笑みかけている。

タクミはといえば、初対面の女性家庭教師に照れを隠せないまま、もじもじしている。

「じゃあ、タクミ君の部屋に行こうか」

勉強机とベッド、いかにもさっき片付けましたという具合に積み重なった漫画本と雑誌。何の変哲もない男子中学生の部屋である。

「先生のことは、どう呼んでもいいよ。アヤちゃん、でも、山崎さん、でもいいし。先生、でも」

タクミは「じゃあ、先生、で」と早口で短く答えた。

とりあえずは今出されている数学の宿題を一緒にこなした。宿題が終わったら、違う科目の教材をする予定だった。

「思ったより優秀じゃん。こんだけできたら先生いらないかもね」

「うーん。俺、分かんないとこもあるから」

人見知りも消えたらしく、タクミは山崎の目を見て、懇願するようにそう言った。

「じゃあ、宿題も終わったし、何か分かんない問題集とかある？　一緒にやろっか」

「うん。えーと」

タクミは机の右側下段の引き出しを開け、中を見下ろした。

「あっ」

タクミが不意に引き出しから目を逸らし、振り向く。

「えっ」

山崎も釣られて後ろを見ると、タクミの姉がいつの間にか部屋の真ん中に立っている。

「ああ。どうもー。タクミ君、勉強できますね。ついさっき、あたしは要らないかもって話してたところなんです」

姉は言葉を返すことなく、ただニコニコと笑っていた。

「先生！　それダメだ！　それダメだよ！」

タクミはそう叫ぶと立ち上がり、部屋から飛び出した。

ドタドタと階段を下りながら、タクミは大声で叫んだ。

「お母さん！　影と先生が話してる！　影と話してるよ！　やっぱり何かいるって！　嘘じゃないって！」

何事かと思っている間に、姉の姿は消えていた。

そして母親が部屋に来るなり「すみませんね。タクミ、最近おかしくて。今日はこの辺で」と頭を下げる始末だ。

「あの。私がお姉さんに挨拶したのが良くなかったのでしょうか」

「ええ。ああ。お姉さん……。あの。影ではなくて、〈お姉さん〉なのですか？」

「う。ちょっと分かりませんが。何というか、お家にいらっしゃる女性の方……」

「ああ。はい……。影ではなくて？」

山崎は埒が明かないまま、促されるままに帰宅した。そして、二度とその先に派遣されることはなかった。

夫婦人形

子供が四人いる前田さんの話。

妊娠するたびに、部屋に飾っている木彫りの夫婦人形が揺れるのだという。単に揺れるというよりも、正確には踊ると言ったほうが良いかもしれない。

人形は二つセットで棚に飾られている。それが揺れる。よく見ると円柱型の胴体がバランスを取りながらくるくると回っているのだ。

しかも夫婦のどちらかしかいないときには揺れない。二人揃っているときに限って揺れ始める。

夫のほうの人形が揺れると男の子。妻のほうの人形が揺れると女の子。

長男のときには気付かなかったが、気付いてからは三人の兄妹は皆人形が教えてくれた性別だった。

「今は次の子ってのは考えてないんですが、もしまた当たったら教えますよ」

前田さんは、五人目ってのは流石にねぇと言いながら、まんざらでもない様子だった。

樽酒

綾子さんは、農家の嫁である。嫁ぎ先は自然に囲まれ、町まで出るのにも車が必要という地域である。しかし、義父母も温厚で何ら無理を言う人でもなく、夫の政之さんも色々と気を使ってくれる。綾子さんは次第に農家の嫁という立場に馴染んでいった。

そんなある日、彼女は深夜に不意に目覚めた。すると、庭先で大勢が何か話をしている声が聞こえる。時計を見ると日付はとっくに変わっている。

近所の家まで距離もある。そもそも集落にはそこまで多くの人は暮らしていない。しかもこんな時刻だ。誰だろう。

しかし安心できることが一つあった。泥棒ではなさそうだということだ。忍び込もうとしている家の前に集まって、大人数で歓談する泥棒などあり得まい。そこで隣に寝ている夫を揺り起こした。

「この外の声、一体何だと思う?」

夫は外の声に暫く耳を傾けていたが、ちょっと様子を見てくるよと、玄関に向かった。

その後ろを綾子さんも付いていく。

玄関の引き戸を丁度頭が出るくらいの幅に開け、政之さんが外を覗いた。直後にうわっと声を上げて首を引っ込めると、彼は綾子さんを手招きした。

ちょっと覗いてみてよと言うので扉から顔を出す。すると、玄関右手の庭に大勢の人が集まっているのが見えた。街灯もない中、そこだけ明かりが灯っているかのようにぼんやり明るい。どうやら提灯のようなものを提げているようだ。集まっているのは男性だけではない。女性も混じっていた。それが全員和服である。洋服姿は一人もいない。しかも男性の中には髷《まげ》を結っているものもいる。服装からすると、集まっているのは江戸時代、又はそれよりも以前の人々のようだ。

綾子さんは頭を引っ込めると、目を丸くして政之さんのほうに向き直った。

「何あれ？」

「分からん。何でうちの庭にあんなのいるの？」

「映画の撮影かしら？」

「いやいや、聞いてないぞそんなこと」

夫婦してあれは何だと言い合っていると、外から歓声が聞こえた。

二人揃って顔を出すと、人々が何かを囲んでいる。目を凝らすと、日本酒の樽である。

「せーのっ！　せーのっ！　せーのっ！」

男女が樽の蓋に小槌を振り下ろした。蓋が割れると、皆の拍手が響いた。

鏡開きだ。集まった人々に、酒が振る舞われていく。

おめでたやおめでたやと声が聞こえる。杉樽に満たされた清酒が玄関先まで香った。

「……俺もあの人達に交じって一杯いけないかなぁ」

「ダメよ。パジャマ姿で何言ってんのよ」

「だって、うちの庭だぜ」

そう言い合っているうちに、群衆は酒を飲み終えた。すると、庭先は一瞬のうちに真っ暗になった。政之さんが懐中電灯片手に庭を調べたが、人がいた形跡も樽酒もない。

今のは何かと問う妻に、政之さんは分からないと答えた。ただこう続けた。

「何にせよ、おめでたいことがあったんだろう。悪いものじゃないさ」

翌朝、昨晩見たものについて父母にも訊ねたが、二人とも心当たりはないようだった。

綾子さんは、それからすぐに妊娠が発覚した。政之さんも義父母も大喜びである。

つわりの時期は眠くて仕方がなく、一日の大半を寝て過ごしたが、農繁期であっても、家族は誰もそのことを責めたりもしなかった。綾子さんが申し訳ないと言っても、政之さんも義父母も身体が優先だから気にするなと笑うばかりである。

心の底からこの家に嫁いできて良かったと思った。

季節が流れ、綾子さんは臨月を迎えた。予定日まではあと一週間ほどあったが、いつ産まれてもおかしくない状態である。

そんな夜に、また庭先からガヤガヤと人々が話している声が聞こえた。

政之さんと様子を見に行くと、以前と同様に和装の男女が庭先を埋めている。

「ちょっと親父達も起こしてくるわ」

政之さんは両親も起こして、四人で庭の様子を窺うことにした。

やはり前回と同じである。樽酒が運び込まれ、せーの！　せーの！　せーの！　と三回の掛け声で、鏡開きが行われた。

「おめでたいことがあったんだねぇ」

姑の陽子さんが言った。

「悪いもんじゃないよ。きっといいことがあるさ」

その翌々日、予定よりも早かったが、陣痛が始まった。

綾子さんは無事出産した。初産だったが、お産は意外なほど軽く済んだ。

「頑張ったわね、元気な男の子よ」

ああ良かった。これから頑張らないと。産まれたばかりの子供の泣く声を聞きながら、あの大勢の人達は、子供が生まれるのと関係があるのかなと思った。

それから三年の年月が流れた。

第二子の妊娠が明らかになり、妊娠初期を過ぎて安定期を迎え、妊娠後期になった。

しかし、今回は三十七週目に妊娠高血圧症候群の疑いで、管理入院をすることになった。

検診では重度という訳ではなかったが、陣痛促進剤での出産という話も出た。

しかし、綾子さんはそれも不安に感じていた。

できれば、自然に出てくる準備が整ったときに、産まれれば良いのにと思ったからである。

だが、翌日お見舞いに来た旦那さんと義父母は、ニコニコと笑いながら言った。

「昨晩、あの人達が来てたよ。だから大丈夫だよ。安心しな」

ああ、また庭先で鏡開きがあったんだ。緊張していた気持ちが、すっと和らいだ。

その言葉の通り、その夜のうちに陣痛が始まり、あっという間に三千グラムの女の子が生まれた。その病院でも稀に見る超スピード出産で驚かれた。

綾子さんも政之さんも、ここ数年、あの人達のことは見ていないが、近日中にまた見ることになるかもしれない。そんな予感があるという。

あとがき　実践百物語

百物語を実際に語るとしたら、どのくらいの時間が掛かるか？

怪談好きなら一度くらいは試してみたい百物語会の類ですが、実際に百話まで完走する機会は思ったほど多くないような気がします。毎回クリアするにはプロが必要です。

僕も何度かお呼ばれで百物語会にお邪魔させていただいたことがあるんですが、「ネタの偏り」と「参加人数」、「一話の長さ」が鍵であるように思います。

ネタのストックが少ない人が交じるとネタの多い人の負担が増してしまい、最低本数を指定すると参加資格のハードルが上がってしまう。人数を増やすと広い場所が必要になったり散漫になってしまったり、人数が多すぎて怖さが半減したり。

また、語る話一話辺りの長さが五分より長いと確実にダレてきます。一話五分として、一時間で十二話、休みなく続ければ八時間半。日没から始めれば夜明け前に間に合うはずなんですが、大抵は予定通りには完遂できないんですよね。なかなか難易度が高い。

皆さん、この夏辺り、完走百物語会なんかいかがでしょう？

加藤　一

あとがき的な今日この頃のこと

雨が降ると調子が悪い。連日降る雨にそんなことを友人に愚痴ったら、あんたの店にはてるちゃんがいるじゃないかと鼻で笑われた。

てるちゃんとは、五センチくらいの布製てるてる坊主である。数年前、関西の某テーマパークに遊びに行きたい友人が、直撃確定と見られた台風を避けたいがために怨念込めて作成したものだ。

その甲斐あってか、台風は直前で進路を変えた。以来、雨を避けたいときはてるちゃんにお願いしろ、という。確かに、「てるちゃん、お願い」と頭を撫でると、雨が止む。

先日の大雨のとき、帰る前にてるちゃんを撫でてから店を出た。家に帰り着くまで雨は降らなかった。今日も撫でた。傘は一度も使わなかった。

このまま梅雨が明けてくれればいいと思う。

てるちゃん、お願い。

ねこや堂

通算七百話目のあとがき

四月より、地元の新聞社で勤務している。

実話怪談書きが新聞を作るとなると、できあがるのは恐怖新聞以外にありえないのではないかという懸念があったが、蓋を開けてみると普通の新聞ができあがっており、安心したのも束の間、気が付くと、会社でも家でも締め切りに追われながら文章をいじくっているという、あまり望ましくない環境になった。ゆっくり鼻でもほじりながら海外ドラマが観たいのに……。さて、今年の「怪談マシンガン」あるいは「神沼三平太祭り」こと、「百式シリーズ」はいかがだったでしょうか？　早いもので、もうこのシリーズも七冊目だそうです。百式はゾッとする話だけではなく、泣ける話、笑える話、呆れる話などが闇鍋状態で収載される、とてもカラフルなシリーズになっています。実話怪談作家が取材したものの出しどころに困る「短いながらも何らかの切れ味アリ」なネタが、今ここに集結！と言いたいところですが、ネタ集めがマジ大変でパパと遊びたがる小さな娘、夫にチュウしたい妻を振り切る鬼畜の所業でやっと書いてます。神沼さん、頑張ってえ。

高田公太

皆様御無事で

七回目の百物語の夏がやってきました。毎年様々な話を皆さんに開陳できるのは、怪談を蒐集する者にとっての大きな喜びです。

今年は日本各地を大きな水害が襲いました。大雨、長雨の後の地崩れや洪水。テレビから流れてくる衝撃的な映像に大変心を痛めながらこの文を記しています。映像を見ながら、本書に収められた話（「靴片方」）を思い出していました。怪談には、時折このような話が混じります。怪談という形を取った鎮魂。祈り。またその両方。

最後に感謝の言葉を。まずは体験談を預けてくださった体験者の皆様。取材に御協力くださいました皆様。編著監修の加藤さん。共著者の高田さんとねこや堂さん。生暖かく見守ってくれる家族。そして本書をお手に取っていただいた読者の皆様に最大級の感謝を。

怪談の季節本番とはいえ、皆様も体調など崩されないように御注意ください。

それではお互い無事でしたら、またどこかで。

二〇一八年　七夕　　神沼三平太

本書の実話怪談記事は、恐怖箱 魍魎百物語のために新たに取材されたものなどを中心に構成されています。快く取材に応じていただいた方々、体験談を提供していただいた方々に感謝の意を述べるとともに、本書の作成に関わられた関係者各位の無事をお祈り申し上げます。

恐怖箱 魍魎百物語

2018年8月6日　初版第1刷発行

編著　加藤 一
共著　神沼三平太 / 高田公太 / ねこや堂
総合監修　加藤 一
カバー　橋元浩明（sowhat.Inc）
発行人　後藤明信
発行所　株式会社　竹書房
〒102-0072　東京都千代田区飯田橋2-7-3
電話 03-3264-1576（代表）
電話 03-3234-6208（編集）
http://www.takeshobo.co.jp
印刷所　中央精版印刷株式会社

ISBN978-4-8019-1552-7 C0176